U0628342

高效

是精简出来的

如何用20%的时间完成100%的事

[日]山本宪明 著

付思聪 译

中国水利水电出版社
www.waterpub.com.cn

·北京·

内 容 提 要

全书48个精简之道，翔实地介绍了如何改进使用时间的方式以及如何重塑高效的做事思维等，能有效地帮助读者终结低效努力，让效率爆发式增长。

图书在版编目（CIP）数据

高效是精简出来的：如何用20%的时间完成100%的事／（日）山本宪明著；付思聪译. -- 北京：中国水利水电出版社，2022.1
ISBN 978-7-5226-0240-0

Ⅰ. ①高… Ⅱ. ①山… ②付… Ⅲ. ①时间－管理－通俗读物 Ⅳ. ①C935-49

中国版本图书馆CIP数据核字(2021)第226114号

1nichinoshigotowo 3jikande Owaraseru Dandorijutsu
Copyright © 2019 Noriaki Yamamoto
All rights reserved.
First original Japanese edition published by Forest Publishing Co.,Ltd.
Chinese (in simplified character only) translation rights arranged with Forest Publishing Co.,Ltd.
through CREEK & RIVER Co.,Ltd. and CREEK & RIVER SHANGHAI Co., Ltd.

北京市版权局著作权合同登记号：图字 01-2021-4464

书　　　名	高效是精简出来的：如何用20%的时间完成100%的事 GAOXIAO SHI JINGJIAN CHULAI DE： RUHE YONG 20% DE SHIJIAN WANCHENG 100% DE SHI
作　　　者	[日]山本宪明 著　　付思聪 译
出 版 发 行	中国水利水电出版社 （北京市海淀区玉渊潭南路1号D座　100038） 网址：www.waterpub.com.cn E-mail：sales@waterpub.com.cn 电话：（010）68367658（营销中心）
经　　　售	北京科水图书销售中心（零售） 电话：（010）88383994、63202643、68545874 全国各地新华书店和相关出版物销售网点
排　　　版	北京水利万物传媒有限公司
印　　　刷	天津旭非印刷有限公司
规　　　格	130mm×185mm　32开本　7.25印张　102千字
版　　　次	2022年1月第1版　2022年1月第1次印刷
定　　　价	49.80元

凡购买我社图书，如有缺页、倒页、脱页的，本社发行部负责调换

我为什么能将每天的工作时间从 16 个小时
缩短到 3—4 个小时？

2005 年，我从公司辞职并开始独立经营税务师业务。2006 年左右，作为一名税务师，我的事业做得风生水起，那时候我一天至少要工作 16 个小时。

但现在，实际上我每天的工作时间只有 3—4 个小时。这个数字毫不夸张，我真的是在陈述事实。我虽然把工作时间减少了近八成，但并没有给客户造成任何困扰，我的收入也并没有出现大幅度下跌。相反，由于节省了不必要的经费而增加了利润，我的实际收入反而涨幅不小。

此外，我还极大地扩张了自己的事业版图，除了从事日常的工作活动之外，我还会执笔撰文。当然，在我工作之外的整个人生中，由于可支配的时间大幅度增加，我现在的生活比以往充实了数倍有余。

工作时间减少了近八成，人生却更加充实了——这是为什么呢？

在本书中，我将会为你揭晓答案。

我为什么能把每天的工作时间从16个小时缩短到3—4个小时呢？下面让我简单地解释一下这其中的玄机。

正如下页中的表格所示，2006年，作为一名税务师，我从太阳初升一直工作到披星戴月。到客户处拜访、接受客户的咨询，并在调查清楚来龙去脉后进行解答、回复来自各方的邮件，有时我还会和客户一起喝酒喝到深夜——曾经的我就是过着这样的生活。

当时正是我要雇用员工、扩大公司规模的时期。

扩大公司规模也就意味着必须要去开拓新客户。

不断地放下工作，时间的分配就会发生如下改变！		
2006 年左右		2019 年
到达事务所，开始工作	6:00	在家写作、每日的惯例活动、看书，等等
↓拜访客户①	8:00	↓
↓	10:00	**在事务所办公（处理与客户相关的事宜）**
（3—4 个小时）		
路途中，吃午餐	12:00	
拜访客户②	14:00	看书、运动、股票交易、吃午餐
↓在事务所办公	16:00	↓
（处理与客户相关的事宜）	18:00	↓
↓	20:00	通过电视观看体育赛事、读书、吃晚餐，等等
↓回家，吃晚餐	22:00	↓
入睡	24:00	入睡
粗体字为与工作相关的日程 16 个小时 → 3—4 个小时（减少了 7—8 成）		
一些我已经停止的或已经减少的工作事例		
尽可能地减少拜访客户的次数		
更高效地处理与客户相关的事宜（彻底找出并停止无用的工作，或委托外包）		
彻底简化公司架构		
停止更新博客与使用社交网站		
电话、传真、信件等联络几近归零		
几乎全部放手员工管理、事前磋商、事务所管理等事宜		
不发送、不回复无用的邮件		
不参加不必要的酒局和聚会		

那时，我参加了不同行业的交流会，还在网上投放了广告。为了能在公司网站主页上招揽客户，我做了各种研究，反复尝试更新网站文章、更改网站设计。

此外，我还需要对公司员工进行人事管理，对员工的工作任务进行分配。随着每次新员工的加入，事务所变得越来越拥挤，所以我需要频繁变更办公布局，甚至是搬家。在处理这些作为税务师的本职工作以外的事务上，我花了大量的时间和精力。

对此，有人可能会提出疑问："你可以不断把工作交给员工啊，这样自己的工作时间不就缩短了吗？"然而，当时在整个事务所中，只有我一个人拥有税务师执照，所以最终的制作报税单等重要工作只能由我自己来做。每天大家下班之后，我还得独自一人留在事务所里奋战到深夜，而且当时几乎每天都是这种状态。

那时，虽然公司规模扩大了，但人工成本激增，这样算下来我根本不赚钱。在为"这该如何是好"发愁时，我向专业人士咨询了一些意见，调整了事务所的发展方向，开始缩小公司的规模。

从那之后，员工们也接连辞职，最后整个事务所只剩下我和另外一位员工。就这样，我们一直打拼了近十年，直至今日。

在当时的那种状况下，我重新审视了自己的工作，决定尽量向"不工作"的方向上调整自己的业务。全部业务重新洗牌后，我果断干脆地放弃了所有不必要的事务，彻底贯彻高效管理模式。

事业规模缩小、工作时间缩短后，我们的客户数量也在逐渐减少。但是在同样的报酬下，棘手的客户都陆续离开了，剩下的都是一些并不那么费事的客户委托（经营者通常都很靠谱），我的工作也变得异常高效。所以，从结果上来看，我的收入并未因客户的减少而减少，但我处理与客户相关事情的时间却大大减少了。

再加上我彻底放弃了无用的工作和事务，积极使用便捷的工具，不断提高工作效率，最终，我把曾经16个小时的工作时间缩短到了3—4个小时。

听我这样说，你可能会觉得："只有个体户才能这样吧？""山本，你的情况只是个例吧？"其实并非如此，我们大部分人都在一些没用的事、不必要的事上浪费时间。其实那些自己觉得非做不可的工作，仔细想想，也只是因为我们太过"死心眼"罢了。以我的经验来看，在自己认为非做不可的工作中，其实有大半不做也不会造成任何影响。

重新审视自己手头的所有工作，只做最核心的"非做不可"的工作，剩余的时间用来让自己和身边的人拥有一个更美好的未来，这样做岂不是更好吗？例如，你可以去读读书、搞搞创作，也可以去锻炼锻炼身体。

现如今，职场人的劳动时间和工作日程都由公司决定，但从当今发展趋势上来看，这种束缚应该会越来越少。"从几点工作到几点""一天工作几个小时"

这种工作方式即将成为过去式。

总而言之，我认为最重要的就是告别既定概念。大家试着减少八成的工作，尽量把时间都用在自己身上吧。

在这本书中，我会毫无保留地分享我实践过的、现如今还在实践着的"放下工作法"。读完之后也许你会有意外的收获哦。

希望你能享受这本书的内容，如果其中的某些方法让你感同身受，那么请立刻去尝试实践一下吧。

如何度过高效优质的人生？对时间·金钱·工作的 5 点思考

时间永远比金钱更重要，时间是人生最大的资产

"时间和金钱，哪个更重要？"这是一个老生常谈的话题。

这个问题的答案也显而易见——时间远远比金钱更为重要。如果从这两者的性质上进行比较，相信无论是谁，都无法否认这个答案的绝对正确性。

首先，在这里我想说明的是，通过投资某件事，人们完全有可能增加金钱的厚度，但无论如何投资时

间，任何人都不可能增加现实中时间的长度。例如，通过提高工作效率，我们可以"相对地"增加时间，但实际生活中的时间是恒定不变的，每个人每天都只有同样的24个小时。

从金钱的角度来讲，赚钱、存钱都没有上限，但从人生时间的角度来讲，除去出生和去世的那一天，每天时间的上限都是24个小时，而且我们谁都不能保证自己一定能够活到120岁以上。

此外，金钱即使失去了，还能重新赚回来，但流逝的时间一去不复返，是再也无法追回的。从更极端的角度来讲，即使在金钱上一无所有，我们也能在这个世界上存活下去，但时间一旦走到了尽头，人生就只能意味着终结。

这样想的话，你应该能够明白"时间远比金钱更重要"这个观点了吧。

就像我刚刚论述的，人生的时间有一定的上限。以死亡为终点，人生还剩多少时间都是既定的，人生中剩余的时间只能像倒计时般不断减少。基于这个现实，我们完全可以认为"时间＝人生"。我们应该珍惜每分每秒，让人生过得更有价值、更有意义。

我写这本书的目的是想让读到这本书的每一位读者尽可能地减少花费在工作（金钱）上的时间（生命），并过上比现在更为高效优质的人生。

那么，应该如何定义"高效优质的人生"呢？做自己想做的事情，做自己喜欢到极致的事情，或者和家人、好友一起度过愉快的时光，为了强身健体而运动，所有这些能够让自己的人生变得更优秀、更美好的时间都是"高效优质的人生"。

如果这本书能够帮助各位读者把自己的人生变得更加高效且优质，那将是我最大的荣幸。

如何减少被工作和金钱束缚的时间

在我看来，我们每个人都在被"紧紧束缚着"。

"必须去公司上班""必须去工作挣钱"，被这些"深信不疑的观念"紧紧束缚着，导致个人时间被剥夺——这正是很多现代人的真实写照。

虽然社会上一直呼吁着"工作方式改革"，但实质上，在当今时代的大环境下，人们不用拼命工作也完全可以生存下去。

现如今，如果你想赚大钱，只要你拼尽全力好好运用自己的头脑和体力，你就能有相当大的概率实现发家致富的梦想。与此相对，如果你不需要花太多金钱，那么即使不工作，你也可以有很多能生活下去的方法。

如果你不努力，你能得到的东西的确可能很少。但在今后的时代中，即使你没什么收获，也没有关系。其实大家完全可以不再被"努力奋斗的观念、工作、金钱、虚荣心"所束缚。

十几年前，我辞掉了工作，自己开了一家小型税务师事务所，自那之后我才明白了一些事情。

我发现，直到现在人们还认为过去的价值观就是所谓的"常识"。例如，工作日的早上去打打网球，直到太阳升到头顶才慢悠悠地出门（哪怕你的目的地是公司或事务所……），如果被邻居家的主妇看到，对方肯定会笑着说："哎呀，今天也休息吗？可真好呀。"从大众的认知来看，像我这个年纪的中年男性，每天一大早是必须出门去工作的。此外，一大早就要出发去市里上班，去挤地铁、挤电车，这也是当今社会中所谓的"常识"。在人们的认知中，不管通勤路上的过度拥挤会不会对身体造成不良影响，也不管发生纠葛纷争的可能性大不大，每天早上挤上通勤交通工具才是一个人作为成熟社会人的标志之一。

每天长时间在外跑业务，或者每天拼命盯着电脑办公才是真正的"工作"——人们的这种价值观迄今还未曾发生过任何改变。为了让家人过上更好的生活，人们不得不拼命工作，鞠躬尽瘁也实属是无奈之举。很多人都像这样被"生活常识"紧紧地束缚着。

我认真地建议大家从此刻开始做出一些改变，今后大家都应该为摆脱"深信不疑的观念"的束缚而采取行动了。不用再那么努力工作也能生存下去的时代近在眼前了，而且，如果日本社会引入了"全民基本收入[全民基本收入（Unconditional Basic income），是指政府从社会保障支出中，拿取部分配额作为市民的基本收入，该收入不需要任何条件与资格，无论其财富、家庭背景以及工作状况如何，任何人都可以无条件地享有一份特定的收入。这种社会政策能够帮助人们从劳动中解放出来]"政策，人们挣钱也不再需要那么辛苦了。如此一来，工作也就成了等同于兴趣般的存在，每一个人都应该能从"金钱是不可或缺的→必须通过工作来获得金钱→为了工作，披星戴月，不辞辛苦，万般忍耐"的刻板逻辑中解放出来了。我所说的这一切并非痴人说梦，大家真的应该意识到这个问题，并从现在开始进行相应的准备了。

如果你也觉得自己"在被工作或金钱束缚着"，那么就先尝试着暂时远离工作和金钱吧。这也正是我们能够在今后的时代中生存下去的诀窍所在。

转换思维，把工作的理由定义为"用金钱换取时间"

现如今，很多人是从"时薪"角度来理解工作的含义的。比如说，一个人从事着时薪1000日元（约合人民币60元）的工作，那么他工作10个小时就可以获得10000日元（约合人民币600元）。如果不是用时薪来衡量工作，大多数人也是从"工作一个月能赚30万日元（约合人民币18000元）"的角度出发来思考这一问题的。

上述这种思维方式就是"用时间换取金钱"。也就是说，把自己的时间奉献给公司，以此来换取报酬。从某种意义上来说，这种思维方式并不是错误的。随着时薪上调，我们能够获得的报酬也在逐渐增多，然而，如果我们一直以这种观念来工作，迟早会达到工作的极限，无法再前进一步，而且最重要的是，我们的时间也早已一去不复返，过了一秒就少一秒。

那我们尝试着让思维方式来个180度大转弯吧，停止从时薪角度——"用时间换取金钱"的角度来思考，而是从与之相反的"用金钱换取时间"的角度来思考吧。简单来说，就是把"通过使用时间来获得金钱"的观念转变为"通过使用金钱来增加时间"的观念。例如，我们可以把打车这种出行方式作为乘坐公交车的替代方案。虽然在当今社会中，出租车还存在一些安全性及司机素质方面的问题，但今后应该会有所改善。如果今后自动驾驶得到了普及，这也会成为相当便利的出行方式之一。乘坐出租车出行时，我们可以在车内自由地利用时间，完全不用考虑其他因素，这也是打车出行时的最大好处。

另外，还有"用金钱换取健康"的方法。健康，即时间；换取健康，即换取时间。每年都接受细致的身体检查，跟着优秀的健身私教来强身健体，这些都是可以通过花钱来实现的，我们完全可以通过这些方法来"换取"自己更长的寿命。

此外，如果你是个体经营者，完全可以把那些无须亲自完成的工作任务交给他人，比如说委派给你的员工，或者雇用外包，来减轻自己的个人负担。如果将这种"减负"减到极致，在你几乎没有付出什么时间的情况下，你的公司也能正常运转。

我认为，从今以后大家都应该将"通过工作获得的劳动报酬"用于创造更多的自我时间上，为自己争取更多的自由时间，这才是最正确的前进方向。

简单提炼一下：在今后的时代里，即使没有那么辛苦地工作，我们也能获得物质和精神世界都很丰富的生活。在这样的时代里，"通过使用金钱来增加时间"才是最主流的生活方式。

行动始于当下，和"为了获得金钱而献出自由时间"的过时生活方式说声再见，从现在开始改变自己的生活方式吧。

把工作时间设定为现在的两成，为实现这个目标而采取行动吧

　　首先，我想告诉大家的是，我现在已经把自己的工作时间减少到了2006年的两成至三成。"将工作时间缩减至现在的两成"，乍一听这是一个有些疯狂且不合理的目标。其实不然，只要把挡在自己面前的问题逐个解决掉，所有人都可以实现这个目标。

　　目标驱使着人们行动，如果没有目标，人们将无法行动。我想请大家给自己设定一个"将工作时间缩减至现在的两成"的目标，并从今天开始向着这个目标进发。

　　阅读这本书的大部分读者想必都是在公司工作。按部就班地出勤是我们每天的程序之一，然而今后不知什么时候，我们很可能就会听到"无法继续在这家公司工作下去"的坏消息。而本书所介绍的"将工作时间缩减至现在的两成"的方法和技巧可以帮助你预防和应对这种情况。

那么，我们怎样才能"将工作时间缩减至现在的两成"呢？

　　首先，请你确认一下自己现在的工作时间。假设你现在就职的公司的上班时间是上午8点半，下班时间是下午5点半，午休时间是1个小时，那么你的工作就是"8小时工作制"。但其实你的"实质工作时间"并没有那么长。即使你在早上8点半之前就到了工位，你也不会马上进入工作状态，而是会先去倒杯茶，和同事闲聊两句，浏览一下网站和邮箱，想必这也是很多人的真实写照吧（当然了，这其中肯定还会有一些人，随随便便闲晃一下，整个上午就虚度过去了）。到了下午，大家还会有一段迷迷糊糊的困倦时间，开会时在座位上也会有大脑放空的一段时间。此外还可能去吸烟区吸吸烟，去休息间喝喝咖啡。如此想来，其实谁都无法保证自己在上班的8个小时内，每分每秒都在精神高度集中地工作。真真正正在工作上的"实质工作时间"说到底也不过两到三个小时罢了。

所以，为了实现"将工作时间缩减至现在的两成"的目标，我们要做的就是改变这种工作结构。

首先，开始工作前就要做好充分的准备，只要到了8点半，就要开始全力冲刺。持续这种状态到10点半，当天一天的工作量差不多就都能完成了。我所说的"将工作时间缩减至现在的两成"中的两成时间，指的就是这种注意力保持高度集中的工作时间。10点半之后的时间，你就可以为了自己的未来而自由支配了。例如，你可以认真地看一些与自己今后想从事的行业或者与现在所处行业相关的研究，你还可以通过自我钻研、自我探索来提升自己的业务能力（当然了，大家千万不要用公司的资源来做一些与公司业务无关的事情）。

其实在实际工作时，10点半以后可能还会有一些来自客户的联络，上司可能也会再给你委派一些新的任务，处理这些事情还会再多花费你一些时间。但是，把从8点半开始的两个小时定义为"心无旁骛时间"，并且在上午的这两个小时内处理完当天所有要完成的任务，这份魄力与劲头是我们所要具备的。

为了能够在上午的两个小时内完成一天所有的工作任务，我们需要做好充分的工作准备。

在跑100米短跑比赛的时候，我们需要先站到起跑线上，当听到号令后，再和其他选手一起起跑。但工作不一样，我们完全可以在起跑线前就开始冲刺，并全速跑过起跑线。也就是说，你可以比规定的上班时间更早一些到达公司，并做好一天工作的准备；或者你可以在头一天下班之前就做好第二天工作的准备。只要你做了充分的准备，并在一大早鼓足了一天工作的"激昂之势"，那么你应该就能够在两个小时之内准时完成当天的工作任务。

在两个小时内处理完所有的工作后，剩下的就是你自己的"剩余时间"了。好好利用这些时间，不断提升自己吧！此外，在傍晚下班前，再为第二天的工作做准备。如果你能够按照这种循环进行工作，那么不管遇到什么样的状况和形势，你都一定能在职场上大显身手、大放异彩。

最后，总结一下这种工作模式：每天一早就开始抢先起跑，进行一天的工作冲刺，然后全速工作两个小时。

我真的希望大家能够尝试一下这种工作模式，如果你能够做到这一点，接下来你要做的就是想方设法把自己的工作减少到现在的两成了。拿我自己来说吧，我就是通过这种工作模式，不断地一点点减少了自己的工作时间。现如今，我已经成功实现了"把自己的工作时间减少到2006年的二至三成"的目标。

序章 · 要点总结

✿ 金钱可以不断增加，而且即使是失去了，也可以重新赚回来。但是流逝的时间（人生）无法增加，并且时间一去不复返，再也无法追回。

✿ 不要让对工作和金钱的"深信不疑"束缚住自己，不要因过度努力导致自己的个人时间被剥夺。

✿ 转换思维，将"通过贡献出自己的时间来获得金钱"的观念转变为"通过使用金钱来获取时间"的观念。

✿ "无须辛苦劳作即可生存"的时代即将到来，找到"自己真正想做的事情"，并为此做好准备。

✿ 早上全速工作，争取在两个小时内完成当天的全部工作任务。

第一部分 彻底放下工作与人生中"无用的八成"

第一章 仔细找出身边的"无用之事"

第二章　剔除身边那些"无用之物"

第三章　从根源上杜绝"被浪费的时间"

第四章　清理掉大脑中"无用的情绪"

第五章　放弃妨碍工作的"无用之言"

第二部分　彻底打磨"关键的两成"

第六章　改变语言的使用方式

第七章　优化时间使用法

后记

第一部分

彻底放下工作与人生中『无用的八成』

第一章

仔细找出身边的
"无用之事"

学会像工作效率高的人一样
放下某些工作

　　说起工作效率高的人，想必大多数人的印象都是"这种人能够以极快的速度来完成繁重的任务"吧。

　　在实际工作中，当人们非常迅速地完成手头的工作后，往往会被分配更多的新任务。而这些新增的工作任务，又需要加快速度来完成……如果这种情况接连不断地发生，其恶性循环造成的压力不断累积，人总有一天会崩溃。许多因为忙于工作而健康受损的人大多处于这种状态吧。

　　而真正工作效率高的人，他们懂得适当放手，而且会有选择性地进行工作，具体的做法是：只做必须由自己来完成的工作，除此之外任何人都能做的工作则交给其他人来做。如果他们判断某项工作完全没有必要做，甚至都不会交给别人，而是选择直接放弃。

的确，这个世界上有太多无用的工作。例如，本来只需要3个人出席就能搞定的会议，却硬生生地召集了10个人来听了一个小时，这种情况非常常见。但其实质上总共浪费了7个小时（1小时×7个人）的时间。

这个世上还有许多职场，任凭时代变迁却依然沿袭着从前惯用的工作方式、拒绝适应最新的发展趋势。例如，明明可以利用Excel进行自动计算，却仍要煞费苦心地去手动计算。

停止惯用的工作方式、重新学习新的工作方式确实很麻烦，去熟悉、习惯、适应都需要一定的时间。如果改变原有的工作方式需要花费3个小时，但使用了新的工作方式，从下个月开始每个月都能节省出来1个小时，那就必须要改变工作方式。因为计算下来，使用新的工作方式一年可以节省12个小时，改变工作方式所花费的3个小时马上就都"赚"回来了。

此外，对于没有必要的无用工作，懂得放下是非常重要的，也是一种明智之举。其实很多工作都应该通过"交给机器来做""交给别人去做"或是"直接放弃这项工作"中的某一种方式来放手。懂得放下工作，我们就可以去做自己擅长的、喜欢的或者是只有自己才能做到的工作。这样一来，我们才能在极短的时间内做出成绩。

人们往往很容易给自己招揽工作，也很容易产生"这项工作也得做，那项工作也得做"的想法。但工作效率高的人以及花费很少精力就能赚大钱的人则不一样，他们不会一直抓着无用的工作，而是只做自己想做的工作，并最终做出了成绩。为了达到这种状态，我们必须改变自己的思维方式和工作方式。比如，舍弃"任务清单"，每天只做自己想做的工作和能做出成果的工作，这也是改善自己工作方式的方法之一。

持续这种工作状态不久之后，你就会清晰地发现，哪些是"无论如何都必须要做的工作"，以及哪些是"不做就会造成困扰的工作"。只要你能够完成那些非做不可的工作，剩下的工作即使完全不做也不会给自己造成什么影响，那么，你就可以直接放下那些"无用的工作"了。这样一来，你就会发现大部分你觉得"必须要做的工作"其实都是自己的"执念"，只不过是庸人自扰罢了。

思考一下自己人生中最低限度需要完成的事情是哪些，并试着下定决心去做吧。比如，如果事情A和事情B都是每天必须完成的任务，那就把完成这些任务定为"每天的最低目标"。除此之外的事情，力所能及时可以做，力所不及时就要放下。简单来说，这种思维方式就是"只要完成事情A和事情B，让自己的人生正常运转即可"。根据我自身的经验，这种做法实行起来其实会出乎意料地顺利。反过来看，如果不能把时间用在自己决定要做的事情A和事情B上，那才是个大问题呢。

总而言之，在生活中彻底放下那些没有必要做的事情，去做自己擅长的、喜欢的事情吧。

生活中一些人自认为"必须要做的工作"都是我们庸人自扰，其实放下也完全不会造成对我们的困扰。

在决定"要做哪些事情"之前，
先决定"不做哪些事情"

在上一节中我们说到，工作效率高的人，以及那些能做出成绩的人，他们会不断地放下无用的工作。那么，如何才能放下无用的工作呢？下面就让我来具体介绍一下其中的一种做法吧。

正如这一节的标题所示，我们不仅要决定自己"要做哪些事情"，还要决定自己"不做哪些事情"。如果只考虑自己"要做的事情"，那么事情就会越来越多，所有事情不断积压下来，导致我们每天都要花费好几个小时才能完成。

虽然我每天也会决定要做哪些事情，但主要都是一些马上就能完成的任务。当然了，在和自己的个人目标相关的任务上我会多花一点儿时间，但对于基本上每天都会做的事情，我还是会尽量少做。

与此相对的是，我会非常认真细致地制作"不做的事情清单"。例如，在清单中我写了"尽量不看社交网站"这一项。一旦打开了社交网站平台，我整个人就会变得很散漫，懒洋洋地随便看各方面的消息，转瞬间就会过去大半天的时间。此外，"不去饭局""不吃零食""不啃手指甲""18点以后不办理和税务相关的业务""不漫无目的地看电视"，等等，也都被我写进了清单里。因为我有在害羞或尴尬时不自觉啃手指甲的坏习惯，还因为喜欢吃甜食，我会在肚子完全不饿的时候吃上一些零食……所以，为了健康，我都会尽量不去做这些事情。

虽然什么事情都可以列进"不做的事情清单"里，但还是要优先选择一些和自己的人生目标相关的事情。对于我个人而言，我把健康放在了第一位，所以我把有益于身体健康的行为列进了"任务清单"里，把不利于身体健康的行为列进了"不做的事情清单"中。"不做的事情清单"中的事情都是一些我绝对不会去做的事情，但这些事情其实都和自己人生前进的方向是息息相关的。

列出"不做的事情清单"之后，不要直接把它扔到一边，你需要每天都回顾一遍，不然就没有任何意义。当确信自己绝不会再做其中的某件事情时，就可以把这一项从"清单"中删掉了。你可以在电脑或手机中制作这个清单，也可以用铅笔或可擦笔在笔记本上制作这个清单。

如果你因为自制力不强，做了"不做的事情清单"上的某件事情时，就要严厉地惩罚自己。可以惩罚自己暂时不能花钱，也可以惩罚自己12个小时内不能吃东西等，选择一些能给自己的未来带来积极影响的事情，这样自己也会从中受益。

减少"应该要做的事情"，增加"不去做的事情"，这样一来，我们的生活方式都会变得更加简单，属于自己的时间也会随之增多。利用节省下来的时间，我们可以好好思考一下人生，决定今后要做的事情，然后就去付诸行动吧！

读到这里的各位读者，请你先合上这本书，试着列一下自己的"不做的事情清单"吧。

在最开始的阶段里，不用写太多。随着每天的重新审视，补列出自己觉得"不太好"的事情，这样"不做的事情"自然而然地就会增加。严格遵守清单上所写的内容，你的人生将会变得更加积极与健康。

目前笔者"不做的事情清单"列表中的一部分

1	绝不多刷 Facebook
2	尽量不看视频网站
3	绝不漫无目的地网上冲浪
4	绝不无意义地刷手机
5	绝不稀里糊涂地看电视
6	绝不多吃小零食

7	从车站回家的路程上绝不打车
8	绝不买书（在上一本书没读完之前）
9	绝不购买无法实时观看的赛马比赛
10	绝不用手机做无谓的事情
11	绝不嫉妒他人
12	绝不阅读没有阅读价值的书籍（充其量快速浏览）
13	绝不积攒文件
14	夜晚绝不在被褥以外的地方睡觉
15	绝不以恶度人（时刻留心要看到对方的优点）
16	绝不轻视他人
17	尽量不做零碎的工作（可以委托给其他人）
18	绝不嫉妒他人的活动积极性
19	对瘦身一事绝不妥协（记录卡路里管理表）
20	每顿饭后绝不忘记刷牙
21	指导少年棒球时绝不冲孩子们大喊大叫
22	绝不唉声叹气
23	和人见面时绝不懈怠（要给对方带来正面影响）
24	绝不叽叽喳喳地说话
25	丢弃不用的东西时绝不犹豫
26	绝不向妻子抱怨
27	绝不啃手指甲
28	绝不公私不分（好好将公司和个人生活区分开来）

增加清单中"不去做的事情"，生活方式就会变得更加简单，我们也会有更多的时间来为自己的未来做打算。

只做 "真正必须要做的事情"

在这一节的内容里，可能会有很多内容与前文 "01. 学会像工作效率高的人一样放下工作" "02. 在决定'要做哪些事情'之前，先决定'不做哪些事情'" 里的内容相同，但因为这些内容至关重要，还请各位读者见谅。

只做自己人生中应该做的事情，决定不去做的事情绝对不做——这确实是最基本的标准，但在实际尝试后，相信大家应该都会产生这样一个疑问："我真的只在做'真正必须要做的事情'吗？"在这一节中，让我们重新思考一下如何才能让自己只做那些"真正必须要做的事情"吧。

要想只做"真正必须要做的事情"，我们必须先找到自己的"人生目标"。各位读者中可能有刚刚开始工作、还没有决定好自己未来发展方向的年轻人吧。如果你正好属于这个群体，那么我建议你不要着急做决定。在每天的生活中，当你产生疑问、感到不解时，停下脚步，仔细思考，也许你就会发现自己"将来应该做的事情"是什么了。在当今这个人们可能会活过100岁的时代里，活到40岁也可以算是个年轻人，所以大家完全可以慢慢地来做决定。我现在48岁了，仍然觉得自己还是个小孩子，但是今后该朝哪个方向发展、该怎样生活，我已经在一定程度上做好了决定。

放慢脚步，好好想一想自己真正想做的是什么事情，人生中必须要做的是什么事情，当自己超过40岁时，或是拥有了足够多的见闻时，再做决定也完全来得及。

　　如果你现在已经决定好自己人生中必须要做的事情了，那么下一步你该做的就是朝着那个方向奋发前进。在前行时，你应该尽量避免去做那些无关的事情，只做自己"真正必须要做的事情"。比如，你想要考取某个资格证，并利用这个资格证从事自己想从事的职业。那么，在这种情况下，你最需要做的事情就是"考取资格证"。所以在这段时间内你应该将"考取资格证"放在最优先的位置上，并将与其相关的事情作为自己的生活重心。再比如说，你的目标是成立并经营好一家公司，那对于你来说，优先级最高的事情就是成立公司并使其逐渐走上正轨，所以你所有的行动都应该朝着那个目标努力。或许你偶尔也会想做一些其他的事情，但除了生存所必须要做的事情之外，最好尽量不做最优先目标以外的事情。

　　如果你现在是自己所在公司的经营管理层，你的目标是让公司得到更好的发展，在这种情况下，你需要成为一个坚定的"公司人[1]"。如果这是你自己选择的道路，那就要坚定不移地走下去。

然而，"人生中应该做的事情"并不是今天或是明天就能找到的，而且就算你觉得自己找到了未来的目标，或许过上一段时间，你的想法就又会发生改变。那也没有关系，发生这种情况时，我们只需停下脚步，修正一下自己前进的轨道就可以了。

在人生的各个阶段中，每个时期应该做的事情都不尽相同。首先要决定好自己现阶段应该做的事情，并把精力集中在这件事情上，等到了人生的下个阶段，再决定下个阶段要做的事情，并不断为之奋斗。就我个人的情况而言，因为我目前还处在"育儿期"，所以我决定在这个阶段中只做现在正在做的工作（兼顾税务师业务、写作以及投资等），除此之外

---

1 意指以公司为家，在自己的生活中，除了公司和工作再无其他嗜好与个人空间的"工作中毒"人种。这个词出现于日本经济高度成长的时期。

的事情我会尽量避免。

　　总而言之，最重要的是先决定自己"人生中应该做的事情"是什么。如果没有最终目标，无论你的工作效率有多高，都没有任何意义。高效工作的目的本就是为了创造出时间来实现"人生中应该做的事情"。为了把自己的精力集中在"真正必须要做的事情"上，建议大家制作一份我在上一节中介绍过的"不做的事情清单"。

　　一旦决定了"人生中应该做的事情"是什么，那就把这件事情放在第一位，心无旁骛地前进吧。

"空间、时间、人"
与工作的密切关系

　　本书的主要内容是介绍"放弃80%无用工作"的思维方式与实践方法，在这里我希望大家先思考一个问题——工作的本质到底是什么？

　　我想强调的是，"工作并不是别人分配给你的任务，而是自己创造出来的任务"。正因为如此，我们的人生才会变得愈发充实。"每天平平淡淡地完成被分配的工作任务"——虽然我们不能否定这样的生活方式，但这样的工作是否真的有价值呢？我还是有些怀疑的。如果你也同意这个观点，那就请试着转换一下思维，将工作的产生方式定义为"自我创造"吧。

虽说是"自己创造工作"，但也并不是说一定要让大家成为画家、小说家、音乐家等创作者（当然，如果这些职业正好是你的目标，那就请你朝着这个方向好好努力吧），我只是建议大家先在自己力所能及的范围内，为自己创造工作。例如，学习一些IT技能，把本来需要花费一个小时才能完成的工作通过轻点几下鼠标来快速完成；思考一些能够提高销售成功率的新方法等，努力提升工作效率，想办法提高自己的工作成果。

从另一方面来讲，如果想要自己为自己创造工作，那我们必须和各种制约做斗争。例如，别人很可能会横插一脚，或者时间不合适、场所不合适等。只要能够排除这些外部制约条件，大家就可以为自己创造出适合自己的"好工作"。

正如这一节的标题所示，如果能好好地利用"空间、时间、人"这三个要素，我们完全可以放弃八成的无用工作，甚至还可以为自己创造出工作。那接下来让我们来一起看一下这三个要素吧。

首先是"空间"。

我个人认为，工作空间非常重要，但我感觉很多人其实并不重视自己的工作空间。例如，桌子上文件堆积如山，导致自己的工作空间很小、很乱；狭窄的办公室里，办公桌周围和过道上摆满了东西，导致自己要和其他同事挨在一起工作等。在上述这种工作环境中，无论是谁都无法好好地工作。人们应该在尽量宽敞舒适的环境中沉心静气地工作，比如在单间或者隔开分区的空间中，其次，在办公场所里也必须只放最少量的文件和资料。话虽如此，其实作为"打工人"，我们往往无法自己决定办公环境，但至少我们还可以不在自己的办公桌上以及周围堆积多余的东西，尽量保持办公环境的舒适整洁。关于物品的使用规则，我会在本书的第二章中详细说明，大家可以着重阅读。

接下来我们来谈一谈"时间"。

我一直都在反复强调时间的重要性，也建议大家尽量不去做"真正必须要做的事情"以外的事情。在本书的第三章以及第七章中，我将详细说明时间的使用方法，届时请大家阅读。

最后要讨论的要素是"人"。

我想大家应该每天都能感受到，真的有很多人在妨碍我们的工作吧。例如，公司外部的人突然打来电话或者发来无关紧要的邮件，同事也可能会在你集中精力工作时前来搭话等。如何与这些人保持距离，又如何确保那些在有形或无形中支持你工作的人的存在，是一个非常重要的问题。

综上所述，能否全身心地好好工作，能否在短时间内取得工作成果，完全取决于空间、时间以及人与人之间的关系。为了能够早日放弃八成的无用工作，并创造出能够做出成果的工作，我们必须时刻注意"空间、时间、人"这三个要素。

充分利用空间、时间以及人与人之间的关系，放弃八成无用工作的同时，为自己创造出全新的工作环境。

清点工作，
判断其"当下是否有必要"

　　在本章的开头，我提到过"无用工作"的定义，在这里我想谈谈"无用"的判断标准是什么。

　　为了能够顺利地放弃无用的工作，我想请大家试着做一下"工作的清点"。说是"清点"，其实并没有那么夸张。请大家试着写出本周（本月）做过的工作以及下周（下个月）要做的工作等自己目前承担的所有工作。你可以在电脑上输入，也可以手写到笔记本上。在做清点时，不仅要列出大的项目和任务，还要列出日常工作的细节以及在工作时间内的所有行动

（包括工作时间内工作以外的行动）。例如，"确认邮件以及回复邮件花费了30分钟""工作间隙刷了10分钟社交软件""午饭后在厕所里待了5分钟"，等等。

不仅要记录工作，还要事无巨细地记录包括个人生活在内的一整天的行动，这也是我最推荐的方式。准备好A4纸或笔记本，记录好每件事情以及它所花费的时间。当然了，大家也可以使用电脑进行记录。使用Excel进行记录时，可以利用"Ctrl"+"："键快捷地输入当前的时间，而且输入开始时间和结束时间后，表格会自动计算出这件事情所花费的时间，非常方便。像这样持续记录几天的日程之后，再进行回顾时你就会发现很多平时注意不到的事情。恐怕很多人都会对自己平日有多么浪费时间的行为感到震惊。

一边记录行动一边工作的最大成效是：我们不会再去做那些在平时不知不觉中做的无用之事。例如，对于那些平时总是一有机会就刷刷手机、看看社交网站的人来说，只要刷一次手机，就需要把这次行为记录下来，多刷几次并多记录几次后就会感到麻烦，久而久之，看社交网站的次数也自然而然会相应减少了。

以前流行过一种"记录自己吃过的所有东西"的减肥方法（记录减肥法），其实我刚刚介绍的这种方法和它拥有同样的效果。实际做起来时，一开始会感觉很麻烦，但只要坚持两周到一个月的时间，单单因为进行了记录这一个行为，我们就会减少大量的无用之事。

除此之外，在每次开始工作之前，先问问自己"真的有必要做这项工作吗？"这种做法同样很有效果。在开始一项新的工作之前，先问自己几个问题："这件事情必须要做吗？还是说可以先做做看？这件事情有做的意义吗？"每次工作前思考这些问题，慢慢地大家就不会再去做那些"不做也完全没有关系"的事情了。或许一开始你会对那些没做的事情感到不安，但随着时间的推移，你的不安感会逐渐消失，心态也会慢慢地松弛下来——"不做那个工作也完全没有问题"。

"做与不做"的判断标准之一就是"在目前的情况下，这个工作有没有做的必要"。虽然很多工作都是之前就决定要做的，但重新评估之后，我们很可能会发现这个工作现在已经没有必要去做了，或者换个做法可能效率更高。这样一来，无用的工作也会不断地减少。

每次开始进行一项新的工作任务时，都问问自己"这件事情必须要去做吗？"虽然一开始会很麻烦，但在坚持的过程中你会慢慢地习惯。马上行动起来，尝试一下这种做法吧。

做出详细的行动记录后，我们就能清楚地看到工作和个人生活中各种各样的时间浪费了。

使用 Excel 表格记录行动的实例

A	B	C	D	E	F	G	H	I	J	K
基准日	3月1日（周五）			3月2日（周六）	0.00	现在时间		2019/3/1 8:03		
预计	11.20			3月3日（周日）	0.00	预测完成时间		2019/3/1 8:03		
实际	11.23			3月4日（周一）	0.00					
■完成	11.20			3月5日（周二）	0.00					
剩余	0			3月6日（周三）	0.00					
				3月7日（周四）	0.00	计划任务	15			
				3月8日（周五）	0.00	实际任务	15			
禁止使用手机（Facebook、Twitter），读书3个小时										

A	B	C	D	E	F	G 预计（分钟）	H 实际（分钟）	I 时间差	J 开始	K 结束
01/00										
0:00	日期	r	节		任务	预计（分钟）	实际（分钟）	时间差	开始	结束
■	3月1日（周五）	d	0	Done！	睡觉	360	340	20	0:00	5:40
■	3月1日（周五）	d	6	Done！	更衣	15	20	-5	5:40	6:00
■	3月1日（周五）		6	Done！	决定日程	60	60	-0	6:00	7:00
■	3月1日（周五）	d	7	Done！	送儿子上学	30	29	1	7:00	7.2
■	3月1日（周五）	d	7	Done！	修改稿件	15	30	-15	7:44	8:14
■	3月1日（周五）	d	9	Done！	博客	10	16	-6	8:14	8:30
■	3月1日（周五）	d	8	Done！	正式注册	5	3	2	8:30	8:33

A	B	C	D	E	F	G 预计（分钟）	H 实际（分钟）	I 时间差	J 开始	K 结束
0:00	日期	r	节		任务	预计（分钟）	实际（分钟）	时间差	开始	结束
■	3月1日（周五）	d	9	Done！	报告	2	7	-5	8:33	8:40
■	3月1日（周五）	d	8	Done！	回复邮件	18	5	13	8:41	8:46
■	3月1日（周五）	d	8	Done！	确认客户需求	7	14	-7	8:46	9:00
■	3月1日（周五）	d	8	Done！	锻炼	5	10	-5	9:00	9:10
■	3月1日（周五）3月1日（周五）	d	7	Done！	早饭	15	16	-1	9:10	9:26
■	3月1日（周五）		9	Done！	通勤	20	16	4	9:26	9:42
■	3月1日（周五）		9	Done！	事务所大扫除	20	18	2	9:42	10:00

想要避免"因找东西浪费时间"？从扔东西开始

我意外地发现，其实"找东西的时间"也算是一种时间上的浪费。某项调查结果表明，人们每天平均要花10分钟来找东西。这样算下来，光是在找东西这一件事上，一个月就要花5个小时左右，一年大约要花60个小时，相当于有两天半的时间一直在找东西。这可真是太可惜了。

必须花时间去找东西的理由很简单——就是因为"东西太多了"。家里和办公室里到处都是东西，真正需要的东西混杂在诸多无用的东西之中，所以到了真正要用某个东西的时候，怎么也找不出来。

那么，为什么一个人的物品会越变越多呢？简单来说，就是因为光买不扔。特别是在当今时代，我们不仅可以在实体店里购物，还可以在网上轻松购物，和以前相比，购物的次数显著增加了，相应地，自己拥有的物品数量也在不断增加。但如果你买了一些东西，同时也相应地扔掉了一些东西，这样物品的总量就不会增加了。

但扔东西这件事情看似简单，其实很难。在日本，各种垃圾的回收日都是固定的，所以必须分开处理各种可燃垃圾、不可燃垃圾、易拉罐、瓶子、大件垃圾以及可回收垃圾，等等，非常麻烦。另外，想把书以及其他用不到的东西拿到二手市场上卖掉，或者在网上卖掉，也需要很多手续，十分麻烦。尽管麻烦，但如果不扔掉一些用不到的东西，我们自己的住处就会变得越来越拥挤，花在找东西上的时间也会越来越多。

最近"整理收纳""断舍离""极简主义"等词语

非常流行，把不需要的物品通通扔掉，让生活变得更简单，这种纯粹的生活方式备受关注。但突然要丢掉很多东西，想必大部分人都很难做到吧。所以，我的建议是，每天都扔掉一点儿东西。

工作、学习、运动，很多事情只要每天孜孜不倦地坚持下去，都会一点点地进步。几年、几十年累积下来，每个人都能完成很多事情。同样地，如果把扔东西当作一项任务，每天坚持下来，总有一天会看到显著的效果。

我每天也会要求自己扔一定数量的东西。心情不好的时候就只扔一点儿东西，差不多两到三件物品；时间富裕、心情舒畅的时候，我有时会一口气扔掉100件东西。多年来，我一直保持着这种习惯，得益于此，我拥有一个整洁清爽的工作环境和生活空间。生活空间整洁干净，整个人的心情也会舒畅轻松许多，工作和生活也会进行得更加顺利。另外，把必要的东西放在固定的位置上，这样我们就无须浪费时间来找东西，也就可以把这些原本用来找东西的时间用在做其他更有意义的事情上了。

　　此外，和减少实际的物品一样，我们也需要减少电脑和手机里无用的信息。如果电子设备中存储了大量无用的信息，要找到必要信息时就需要花费大量的时间。有人觉得"直接使用检索功能不就好了吗？"但回忆检索关键字的时间本身就是不必要的时间，而且很多情况下我们最终也无法检索到自己想要的信息。所以我建议大家从一开始就不要存储太多的信息。定期检查电子设备上的文件和应用程序，如果某个文件不需要了，某个应用软件不使用了，那就果断删除和卸载了吧。

　　减少无用物品，不浪费时间去找东西，一年就可以节省下60个小时（两天半）的时间。

减少无用的物品后，
你才知道你曾浪费了多少时间

当我们减少无用的物品后，之前浪费的时间就会凸显出来。减少物品其实就是在"限制自己的生活方式"。我之前看过不少有关极简主义者的电视节目和网络视频，也读过几本极简主义者的著作，给我留下印象最深的就是所有人都在通过减少自己的所有物来升华自己的价值观和生活方式。例如，《我们已经不需要东西了》(*Wani Books*/鳄鱼书社)的作者佐佐木典士先生，他将自己的物品减少到极限后，购买了很多件同款的衬衫，然后反复轮流穿着，这样就避免了在选择衣服上浪费时间。对于喜欢衣服的人来说，选择衣服、搭配衣服本身就是一种乐趣，但在佐佐木先生的价值观中，选择衣服并非一种乐趣，所以他才会避免去选择衣服吧。佐佐木先生拥有的物品中数烹饪器具最多。他做的菜品都很简单，基本上都是以蔬菜为主的健康食品。从这一方面我也能感受到佐佐木先生的价值观。

拥有很多东西，或许在生活方式和价值观上就能拥有更多的选择。事实上，世上的大多数人都是这样做的，为了让自己随时都能做自己喜欢的事情，他们买了很多东西，随时都做好了准备。

但一个人的时间是有限的，即使拥有很多东西，我们往往也没有时间去用个遍。所以不如通过减少物品来缩小选择的范围，并减少选择东西和寻找东西的时间，这才是在今后生活中更为重要的事情。书读完后放到一边，就会越堆越多，当我们想重温某本书时，找起来也会很麻烦。所以，我建议大家，如果读完的书不是非常稀有的孤本，那就要么扔掉，要么给二手书店回收吧，需要的时候再从网上的二手书市场重新买一本就好了。这种做法看似麻烦，其实好处多多，不仅能够为我们节约空间，还能为我们节约时间。

当然，我们需要减少的物品不只限于眼睛能看到的物品。刚才我也提到了电子设备中的无用文档，除此之外还有很多东西我们最好也都扔掉。例如，有的人有很多银行账户，从"减少选项"的观点来看，最好尽量减少一些账户。当你有很多银行账户时，就意味着你有很多可以放钱和投资的地方。以前我也有好几个存款账户和证券账户，但后来我开始一点点地注销这些账户，现在只留了三个账户：一个用于个人生活，一个用于个人事业，一个用于法人事务。另外，我最主要的存款账户是和证券账户同属同一系列的银行账户，所以账户之间的转账很方便，也不需要什么手续费。正是因为减少了很多银行账户，所以我才能很轻松地管理自己的财产，从而也获得了许多额外的时间。

　　像上述内容这样，通过减少"眼睛能看得见的东西"和"眼睛看不见的东西"，我们可以减少浪费在选择、迷茫和寻找上的时间。

　　通过减少物品来缩小选择的范围，从而减少花费在选择和寻找上的时间，这样一来，人生前进的道路也会变得更加清晰。

发现那些被浪费的时间后，就能发现无用的行动与无用的人际关系

当我们减少无用的物品后，不仅能看到之前浪费的时间，还会让无用的行动与无用的人际关系逐步凸显出来。

无用的行动包括两种：一种是能够通过自我改善的行动，一种是无法通过自我改善的行动。其中，能够自我改善的行动往往是和他人无关的行动，我们只需要列举出自己觉得无用的行动，把它放到"不做的事情清单"里，然后从此之后不做它就可以了。最麻烦的其实是涉及"人际关系"的行动，这种行动无法

依靠我们自己的力量得到改善。

在社会生活中，尤其是在工作中，人际关系不可或缺。经常有人说"人绝对不能一个人孤独地生活"，事实也确实如此。我们每个人都生活在家人、朋友、同事、前辈的关怀中，人生的各个方面也都得到了他人的帮助；还有人说"人脉非常重要"，这一点也是事实。当我们在工作和个人生活中遇到困难时，那些能帮助自己的朋友和熟人都是无可替代的存在。

但最近我经常看到人脉的意思被误解。例如，参加派对时，和初次见面的人交换过名片后，我经常发现自己被对方擅自注册并订阅了邮件杂志，或者突然收到了一些推销或宣传的骚扰邮件。这种人只是为了在派对上建立一些人脉关系，准确地说是寻找一些目标客户，从而建立商务联系。也许对方并没有什么恶意，但说实话，我会觉得这样很不愉快，也不想从这种人手中买什么东西，或和他建立起什么生意关系。和这样的人交往只是在浪费时间，所以干脆一点儿，直接切断和他们的联系吧。

在我的观念中，"良好的人际关系"是指虽然平时没有什么交流，但一到关键时刻就能够互相帮助的关系。像那种明明平时并没有什么往来，却经常联系说我们有空见一面吧的人，还是不要和他们来往比较好。

将自己的交友圈限定在一定的范围内，然后尽量一个人独立生活吧。这样一来，属于自己一个人的时间会自然而然地增加，我们可以利用这些时间来充实未来，千万不要让无谓的人夺走自己的宝贵时间。

减少无用的东西，避免时间上的浪费，这样我们就能注意到哪些是无用的行动，哪些是无用的人际关系了。

找到自己人生中"重要的两成"，并彻底放弃其余"无用的八成"

想必很多读者都知道"帕累托法则"吧。但为了慎重起见，我还是再做一下解释吧。帕累托法则是指："在所有的事情中，最重要的仅是其中的两成，而且这两成远比其他八成更重要。"也就是说，多数只能造成少许的影响，但少数却能造成更主要的、更重大的影响。例如，八成的销售额是由前两成的顾客带来的，八成的社会财富是由前两成的人创造的（或是说，前两成人享受着八成的社会财富）等。在行动时，我们只有意识到"帕累托法则"，才能为自己创造出重要的时间。

创造时间的方法有很多，首先请大家考虑一下自己人生中"最重要的两成"是什么。比如，在创造财富的工作中，最重要的两成是什么？为了度过愉快的人生，对自己来说，最重要的两成是什么？如果你得出了自己的答案，那么就请果断地放弃除"重要的两成"以外的所有事情吧。

无论是在工作中还是在生活中，在所有你认为"必须要做"的事情中，真正重要的只有其中的两成或三成，绝大部分都是你"自认为"必须要做的事情。注意到这一点之后，果断放弃那些没有必要的事情吧，这样你的时间就能充裕很多。比如，你一天会看好几个小时的电视，如果你觉得看电视这件事情对自己没什么帮助，那就应该立刻关掉电视机，别再继续看了。如果之后你发现"看电视能够提高自己的想象力，所以电视是必要的"，那就重新再养成每天看电视的习惯就好了。也就是说，如果你把提高想象力定义为"重要的两成",并且要通过看电视来提高自己的想象力,那么看电视就是你"必须要做的事情"了。

为了了解这"重要的两成",我们有必要去制作本章"05清点工作,判断其'当下是否有必要'"中介绍的行动记录以及"02在决定'要做哪些事情'之前,先决定'不做哪些事情'"中介绍的"不做的事情清单"。在做好上述两份列表之后,以"03只做'真正必须要做的事情'"中所说的"人生中应该做的事情"为判断标准,来决定是否要做这些事情。比如,你的目标是"即使上了年纪也要保持健康",但你每天吸烟的时间却长达一个小时,那你就应该果断地戒烟。这样不仅可以让你更健康,还能让你把每天1个小时、一年15天的时间分配给其他更有意义的事情。

根据上述步骤找出人生中"重要的两成",并放弃除此之外"无用的八成",长此以往,你肯定会离自己的理想人生越来越近。

POINT

找到自己人生中"重要的两成"，并彻底放弃除此之外的其他事情。

本章·要点总结

✿ "工作效率高的人"会把不重要的工作委托给他人，此外还会不断地放弃那些没有必要的工作。

✿ 只决定"要做哪些事情"之后，工作只会不断地增加，所以还要事先决定哪些是"不做的事情"。

✿ 一旦决定了"人生中真正必须要做的事情"，那就要把它放在第一位。

✿ 通过调节空间、时间以及人与人之间的距离，减少无用的行动，为自己创造出更好的工作与人生。

✿ 通过清点工作（记录行动经历），弄清自己生活中"无用之物的八成"和"重要的两成"分别是什么。

第二章

剔除身边那些
"无用之物"

桌面上只摆放少量的必需品

　　首先，请大家检查一下自己的桌面。如果你现在在公司，那就请你检查一下自己的办公桌桌面；如果你现在在家，那就请检查一下自己的书桌桌面。我想，大部分人的桌面上一定摆放了各种各样的东西，而且其中大半都是现在"马上"用不到的东西吧。

　　我是一个非常一丝不苟的人，比较反感自己的东西处在一种没有整理收纳的状态中。所以，我经常进行整理，尽量不在桌面上摆放太多的东西。在桌面上以及桌子周围，我只放一些在工作中会用到的东西。

桌面正中间摆放我的笔记本电脑，右侧摆放我的笔记本、手账本，以及写字用的文具。当然文具我也会尽量少放，差不多只放一支我经常使用的钢笔、一本便笺和一把尺子。

为了不妨碍操作笔记本电脑，在鼠标的移动范围内以及敲击键盘时搁置手臂的位置上，我绝对不会摆放任何东西。

此外，我的书桌前还有一个小柜子，我把它当成了书架，但一般都保持柜门关闭的状态，只有当我需要发散思维、进行思考的时候，才会打开柜门，看看书架上的书脊。另外，桌面的右前方我放了一本台历，但在写稿的时候，我会把它收到笔记本电脑后面我看不到的地方。

简而言之，就是尽可能地把所有会妨碍工作的物品放到看不到的位置上。这样一来，我们的注意力会更加集中，也就更能够保持最佳的工作状态，顺利并且迅速地进行工作。

当我前往客户的事务所时，有时我会暂时借用他们的笔记本电脑来处理工作，但我很难集中注意力，这一点让我很苦恼。因为客户在电脑周围放置了太多的物品。文件、手机、数据线等物品散落成一团，每次移动鼠标时都会碰到什么东西，这让我很焦躁不安。而且，总是有电话不断打来，其他同事间也会不断地谈话，所有这些声音传进耳朵里都会削弱我的注意力。对于客户来说，这是他们日常的工作状态，所以并不怎么在意，但对于我来说，真的是非常痛苦的经历。

阅读本书的各位读者，如果你想提高自己的注意力，缩短工作时间，那么请你一定不要让自己的办公环境陷入杂乱无章的状态中，在桌面上尽量只摆放工作时会使用到的最少量的物品吧。对于工作来说，专注就是一切。

既然你已经读到了这里，那么就立刻行动起来吧。首先整理一下自己的桌面，把那些不必要的物品、妨碍自己行动的物品全部丢弃或者全部收纳起来吧，在自己的视野中尽量不要摆放任何无用之物。如果你现在无法立即开始整理，那就往这一页上贴个便笺，明天一大早就行动起来吧！

　　在桌面上以及桌子周围只摆放最少量的必需物品，提高工作时的注意力。

不使用抽屉和收纳箱

对于那些放在一边越积越多的文件，大家都是怎么处理的呢？

只要在办公桌上工作，文件都会越积越多。即使有意识地实行了无纸化办公，但因为打印出来的资料更方便确认，从客户处也会收到各种各样的纸质资料，这些都导致我们手中的纸质文件数量不断增加。而且在有些情况下，写在纸上更节省时间也更方便，同时，在所有情况下都使用电子设备来处理文档也不太现实。所以，平日里只要我们一不留神，纸质文件就会积存下来。漫不经心地放到一边后，几天、一个月、一年……随着时间的推移，最后的堆积量将非常大。

为此，我每天都会特意留出时间来处理文件，并且丢掉绝大多数的文件。但其中很多文件上会包含一些个人信息、公司情报，或者是与客户之间的往来资料，如果泄露到外部，可能会引起恶劣的影响。像这样的文件，我会通过YAMATO（大和）运输公司的"重要文件回收服务（溶解服务）"来处理。YAMATO运输公司会提前提供纸箱，我只需把不需要的文件不断扔进纸箱里就够了。装满一箱后，我会联系公司来收走。虽然这项服务非常方便，但处理一箱这样的文件需要花费1890日元（约合人民币110元），所以我会精挑细选一些足够重要的文件放进纸箱里。除此之外的比如报纸或是广告，我会直接扔到垃圾集中点。

"如何整理堆积如山的文件"——这曾是办公室

中常年存在的重要问题之一。之前人们习惯于整理汇编后，根据客户或年份来分门别类地将其存放在书架或收纳箱中。但是需要如此收纳的时代正在进入尾声，今后，通过电子文档而非纸质文件来存档将成为时代的主流趋势。通常情况下，除像合同这种必须落实到纸面的文件以及特别重要的文件仍须通过原有方式进行保管外，其他文件都应该扫描成PDF文件，然后储存到云端。如果之后合同也能够通过电子方式进行交付的话，那么纸质文件就丝毫没有存在的必要了。

如果你想减少自己的文件和物品，不仅每天都要做一番取舍，而且还要彻底地取消像文件盒、文件柜、抽屉等可以收纳东西的地方。这样一来，我们自然而然就会把文件和物品的数目控制在最小的范围内。如果自己周围有可以收纳东西的地方，我们就会觉得"就这点儿东西，留下也行吧"，然后就会把东西收纳起来。为了防止这种情况的发生，我们要做的就是从源头上进行杜绝。

POINT

为了不积存文件，我们不仅每天都要舍弃一些文件，而且还要从一开始就不设置能够收纳保管物品的地方。

文件看完即扔，
从根本上杜绝打印和复印

为了不积攒文件，比起"每天都丢弃""不设置收纳场所"，更重要的是"读完文件后立刻扫描，然后丢掉纸质文件"。其实我更推荐的做法是"不读，不扫描，立即丢掉"，尤其是像广告信这类的资料，直接扔掉就行了。另外像那种以后可能会用到的重要文件，阅读过后立刻扫描，然后把纸质版原件直接放到上一节中我提到的"重要文件溶解服务"的纸箱里就可以了。另外，会议中分发的资料，也要在扫描过后，将纸质版原件立刻扔掉。把纸质文件扫描成PDF

文档后储存在云端里，这样我们就可以通过电脑端或手机端随时进行查看了。

说起PDF文档，最重要的一点在于文档的命名方式。为了便于日后查找，我们要给电子文档的命名方式确立个规则。其中标题要明确标明文件的内容和日期，比如说可以给文件命名为"○○公司营业文件20181118"等。

此外，如果你身边现在已经堆积了很多文件，那就每天都拿出一些去扫描，然后把纸质版原件处理掉吧。放任不管只会导致文件越积越多，所以先做到让"扔掉的文件量"大于"新产生的文件量"这一点吧。

除了"读后立即扫描，然后扔掉"之外，不增加纸质文件的数量也非常重要。我给自己设定了这样一条规矩——不复印，除了某些必需的场合外不打印。所有纸质文件和资料都是通过打印或是复印产生的，不打印、不复印就不会出现纸质文件，所以，我们要做的就是从根源上杜绝这件事情的发生。虽然大多数人已经养成了动不动就去打印或复印的习惯，但只要停止这两种做法，我们就不会再增加任何的纸质文件。

话虽如此，要从根本上杜绝打印和复印，我们就必须改变以往的工作方式。例如，我们必须习惯在电子设备上阅读曾经一直在纸面上阅读的东西。之前将文件打印出来进行确认，或是做备注或评论这些事情，也都必须在电子设备上进行操作。刚开始改变时可能会让人感到焦虑，一旦适应了，反而会觉得比以往更为轻松便利。

此外，之前纸质合同必须存在的理由之一是需要盖章，但最近通过电子印章方式进行解决的案例也越来越多了，所以我们以后也尽量通过这种无纸化形式来完成吧。

接下来我要讲的可能只是我个人的看法。我在想现在是不是可以完全废止FAX（传真）这项功能了呢？在当今时代，特地通过传真传输纸质文件的行为本身就早已过时，而且效率低下。除了某些极为特殊的场合必须使用传真，为了贯彻无纸化办公，我建议大家还是停止使用传真功能吧。

POINT

养成读完文件后立即扫描储存为PDF文档，并将纸质原件处理掉的习惯。另外，尽量不再印刷纸质文件，尽量通过电子文档的方式进行操作。

把所有文档内容浓缩在一张A4纸内

　　扔掉手头的纸质版文件，尽量停止印刷、复印、传真等行为，不再增加纸质文件的数量。如果你已经做到上述要求，那接下来我们要做的就是重新审视自己储存在电脑、手机以及云端的数据。

　　和纸质文件一样，稍不留神，电子文档也会越积越多，而且电子文档堆积太多也会给我们带来很多麻烦。例如，找文档就是一大麻烦事。尤其是当你给文档命名了一个很模糊的文件名时，或是保存地址的文件夹层级结构过深时，在找文档这件事情上就会花费你大量的时间。即使在保存文件时你特地记住了文件名或保存文件夹的地址，但如果文件夹层级结构很深，那你可能需要点击多次才能找对文档，这也很浪费时间。所以，我建议大家尽量把文档保存在以桌面为起点、层级结构较浅的地方。

其次，我建议大家在最初阶段就把电子文档内容浓缩至最精简。我比较推荐的做法是将资料、企划书等所有文档的内容都浓缩在一张（一页）A4纸内。无论是什么内容的文档，其内容都可以浓缩在一张A4纸内。我们只需要把文档的要点内容分条列举，完全没有必要去想"我一定要做出一份美观的作品"，也没有必要去纠结写作的顺序。只要开始总结浓缩，这件事情就已经成功了一半。只要将自己想传达的内容、想留给今后参考的内容按照自己想到的顺序进行输出即可。在写的过程中，你自然而然地会去追加一些重要的内容。

浓缩版文档准备好后，用前面提到的命名方式给文档进行命名并保存，其中一定要明确显示出文档的内容和制作日期。另外，在向其他人分发这些文档时，要尽量避免打印，我们可以选择通过邮件发送给对方，也可以选择把文档放进共享文件夹中。

进一步去想的话，其实我们应该也有"压根儿不去制作文档"这个选择。在制作文档之前，哪怕一秒钟也好，先思考一下自己真的有必要去制作这份文档吗？如果答案是肯定的，那就放手去制作吧。从这种立场出发进行考虑的话，我们既不会无谓地增加无用的文档，也能节省自己大量的工作时间。

FOREST出版株式会社
○○先生

2019年3月18日

提案拟定人：山本宪明

《关键选择力——抓大放小，三小时搞掂一天的工作》促销活动提案

（在标题中完整表达出本文的主旨）

·本提案的目的在于使本书跻身于畅销书行列。

·在正式发售的一个月前，在作者的博客、社交网站（Facebook、Twitter）以及其他网站，如Notec一个创作者可以自由发布文章、漫画、照片和音频的平台网站等）上逐步

公开本书的一部分内容，提高读者的认知度。

· 正式发售后进行广告宣传时，可以发表新闻稿，推动书评在商务信息网站上的刊登。

· 给全国的书店分发促销活动物料（书籍POP广告物料、A4大小的告示板以及B1大小的海报）。

· 在东京、大阪、名古屋、福冈的大型书店（每个城市各两家书店）举办出版纪念演讲以及签售会。演讲的主题是《顺应AI时代的日程安排法》，演讲的集客途径为贵社的网站（官方网站、电子杂志以及社交网站平台）。

（以上内容分条列举）

（补充）

· 我有朋友在商务信息网站"○○○○○ ON LINE"以及"△△△△ DIGITAL"的编辑部中工作，应该能够帮忙落实作者采访以及书评的刊登。

· 在正式发行后的1—2周中，我想前往东京都内大型书店（大约20家）进行探访，没有预约的话可以吗？

（补充内容也可以分条列举）

POINT

总结企划书、提案书、资料等所有文档的内容，并将内容要点分条列举在一张A4纸上。

不在电脑桌面上放
任何文件或文件夹

　　我去客户事务所拜访时，偶尔会借用他们的电脑临时处理一下工作。当看到文件、文件夹或是快捷键在电脑桌面上摆得密密麻麻的时候，我真是吓了一大跳。电脑桌面上的乱七八糟导致我很难集中注意力工作，让我一度很困扰。

　　电脑桌面和办公桌桌面其实是一样的道理。只要看一下那个人的电脑桌面，你就能在一定程度上明白这个人的其他东西是不是摆放得井然有序。比如，电脑桌面上杂乱无章的人，他的办公桌桌面上也一定是乱七八糟的，而且他的工作可能也会出现不能好好整理的情况。

其实让电脑桌面保持整洁非常简单。首先，你需要创建一个名为"暂时用不到"的文件夹。"暂时"一词是其关键之处，把一些"虽然暂时用不到，但之后可能会派上用场"的文件全都放进这个文件夹里吧。

就我的经验而言，放进这个文件夹的文件之后多半用不上，所以我们需要定期处理一下这些文件。大家可以给自己制定一条规则，比如"删除创建了一个月以上的文件"等。

把电脑桌面上的文件和快捷方式都放到"暂时用不到"的文件夹中，待电脑桌面恢复整洁后，把电脑桌面背景换成家人、恋人或爱犬的照片吧。这样既能激励自己工作，又能起到提醒自己不要让文件遮挡住照片的作用，这样一来，我们自然而然地就不会在电脑桌面上放无用的文件了。

手机界面也是一样的道理。在手机界面上新建一个名为"暂时用不到"的文件夹，把一段时间内没怎么用过的App全都放进去。最后只保留一页显示界面，这样也省去了我们一页一页去找App的麻烦。

电脑桌面以及手机界面不仅可以展现出一个人的整理归纳能力，也可以展现出一个人的大脑状态以及工作能力。让我们一起保持所有桌面的整洁吧！

尽量不在电脑桌面上放置任何文件或文件夹，以便于集中注意力工作。

放弃邮件开头的寒暄语

○○株式会社　△△先生

我是□□公司的××。一直以来承蒙您的关照。

……

工作相关的邮件多半是以这样的寒暄语开头。一直以来，我总是想改变这种风气。寒暄语虽然是基于习惯的产物，但时至今日，这种死板的文字早已不再有存在的必要了。

每次用邮件交流时，写上这样的文字后，双方并不能做到毫无拘束地交谈，而且发件人写这些文字时原本就没有加入什么真情实感。如果只是为了输入而输入，那完全是在浪费时间。所以，我建议大家不要在邮件开头写一些没有意义的寒暄语了。

此外，我想大家应该也和我一样，每天都会收到大量的垃圾邮件吧。大多数邮箱都有邮件过滤的功能，所以基本上不会对我们造成太大的干扰，但偶尔还是会有一些邮件钻了空子，绕过了过滤功能，这导致我们会收到一些完全不认识的公司或个人发来的广告邮件。这些邮件的开头会写着"山本宪明税务师事务所所长先生：一直以来，承蒙您的关照"。然而我完全不记得曾和这个人有过任何来往，而且我也从未称自己为"所长"。这些邮件不仅从一开始就搞错了称呼，而且还写了一些并非事实的内容。我并没有处理这种垃圾邮件的闲工夫，所以会直接全部无视。

其实，我们自己在发送邮件的时候，也可能给对方造成了困扰，让对方感到了不快，所以在编辑邮件内容时，一定要好好考虑一下正文的内容。

　　另外，我刚刚也说过，即使在邮件开头写上了惯用的寒暄语，双方也无法做到毫无拘束的沟通。如果我们和对方关系很好，那就更没有写寒暄语的必要了。所以尽早和对方建立良好的关系，然后放弃寒暄语、直奔主题地交流吧！

　　老套的寒暄语不仅在商务交流上没有必要，而且还会让对方感到拘束，所以还是立刻放弃写寒暄语的习惯吧。

包里的物品永远放在同一位置

　　为了通过"整理整顿"来"创造时间"，我们需要格外关注自己随身携带的背包。比如，当发现本应该放到包里的东西"没了"的时候，想必大家都会慌慌张张地在包里翻来翻去吧。像这种浪费时间的事情，我们平时就应该避免。

　　首先从"避免浪费、创造时间"的角度出发，思考一下自己"带什么样的背包出门比较好"吧。我使用的是一款多功能双肩背包，既便携又兼顾大容量，可以装很多东西，非常推荐。另外，考虑到对身体的负担，我是比较推荐双肩背包的。手拿包或单肩背包会对身体的左右平衡造成一定的影响，给身体带来伤害的可能性也会很高。可能很多人会觉得"考虑到与正装搭配的平衡和美观，双肩背包太难看了"，其实，我认为完全没必要去在意这些问题。比起这些，背包的功能性以及对身体的负担才是我们最应该重视的问题。

另外一个比较重要的问题是，我们应该在多功能双肩背包里放哪些东西。实际上我是那种会随身携带很多东西的人。外出的时候，如果在路上时，手里没有一本可读的书，我会感到很焦虑，所以我一直会随身携带两三本书。另外我还会带一些工作用的笔记本、文件、办公文具、手账本和电子计算器等物品。至于文件，就像我之前说的那样，我基本上把纸质文件都转成了 PDF 文档，并且上传到了云端，所以现在我基本上不会携带什么纸质文件了。另外，我还可以借用客户事务所的电脑来办公，所以也没必要随身携带笔记本电脑。除了这些，我还会在双肩背包里放上眼镜盒、隐形眼镜、耳机等物品。

不过，在双肩背包的什么位置放什么东西都是完全固定的，所以在拿东西时，我完全不用犹豫。也就是说，我不会在"从包里找东西"这件事上浪费任何时间。

如果你是那种出门不怎么随身携带东西的人，你可以尽量减少背包里的东西，或者干脆不背包。现如今，只要有一部手机，我们就可以处理绝大多数的事情，所以有些人即便不背包也可以很好地处理工作。

解决了背包问题后，接下来我们要重新考虑的是钱包的问题。有些人喜欢在钱包里放各种银行卡、积分卡和收据小票，把钱包塞得鼓鼓囊囊的。其实这样既不美观，也很难找到自己想要找的东西。所以在钱包里只应该放那些真正会用到的卡片，不应该放任何收据、小票和积分卡，一定要让钱包一直保持整洁的状态。这样一来，在付钱的时候我们就不会磨磨蹭蹭的了。

我基本上不使用钱包，只使用钱夹和带钥匙圈的零钱包，这两者在尺寸上都很小。此外，我只带最少量的现金和信用卡。现在除了交通工具外，便利店和各种店铺都支持无现金支付，所以日常出门时，我们只需要携带最少量的现金就足够了。

背包和钱包里只放真正必要的东西，什么东西放在什么位置也要固定下来。

本章 · 要点总结

✿ 办公桌桌面上只摆放最少量的必需品，给自己营造一个能够集中精力工作的环境。

✿ 时刻注意要"通过电子文档而非纸质文件来储存资料"。纸质文件读过后应立刻扫描并扔掉。另外，不要设置能够储存收纳纸质文件的地方。

✿ 命名 PDF 文档时，要在文件名上明确标示出文件的内容和日期，并上传到云端进行保存。

✿ 不复印从他人处收到的文件，也不打印自己制作的文件。

✿ 电脑桌面以及手机界面上只放1—2个文件夹。

第三章

从根源上杜绝
"被浪费的时间"

出门前不纠结于穿搭

　　在这一章中，我们将聚焦于"被浪费的时间"，主要介绍如何摒弃时间的浪费，以及如何将虚度的时间充分利用起来。

　　首先，让我们回忆一下自己每天做的第一件事情。从起床到出家门，大家需要多长时间呢？想必多数人都会花很长的时间吧。从淋浴、吃早餐，到整理发型、检查随身物品，然后换衣服，确认全身搭配，最后走出家门——这一连串的流程走下来，至少要花一个多小时（有的人可能会花费将近两个小时）

的时间吧。

　　我自己的情况是：在醒来后的一个小时内完成所有早上需要做的事情，包括刷牙、吃早餐、整理发型、穿衣等事情，以及每日的锻炼活动与伸展运动，最后走出家门。我已经不是想要受人欢迎的年龄了，所以已经不太在意自己的外表了。也许我的情况并不能作为年轻人的参考依据，但总的来说，我是一个能够很快做好出门准备的人。

　　最近，我也很少穿西装了。去拜访客户时，为了表示尊敬，我会穿带领子的正装衬衫，但外面不会再穿上西装外套，而是会穿件派克大衣或是风衣。其实说起西装，我也只有三种，穿的顺序也是完全固定的。我把它们挂在衣橱里，每次穿衣服时，完全不需要思考，直接拿起最前面的那一件穿上就可以了。然后每次收纳的时候，我会把最近刚穿过的那件放到衣橱的最里面，仅此而已。正装衬衫我差不多也只有三种，也是按照固定的顺序轮换着穿。

极简主义者佐佐木典士先生曾在电视节目中谈到，他准备了多件同款的白衬衫，并且日常只穿这些。我觉得这也算是一种解决选择纠结症的好办法吧。

选择衣服、考虑搭配、整理发型，其实这些事情都会造成时间上的浪费。在他人面前穿着破旧脏乱的衣服确实很不礼貌，但只要着装普通且干净整洁也就足够了。

不管你有多么在意外表，旁人都不会太在意的。比起过分在意外表，不如去争取做到"不管自己穿什么样的衣服，别人都能认同自己的人格与实力"。曾经有人对我说："看人主要看这个人的鞋。所以对于商务人士来说，鞋非常重要。"但我从不会盯着别人的鞋看，并且我认为穿起来舒适、适合走路的鞋远好过外形漂亮的鞋，所以我只穿适合自己的鞋。其实，我们直接无视那些总是在对他人外表评头论足的人就可以了。

不要把时间浪费在烦恼自己的外貌上，将更多的时间用来充实自己的内心吧。

每天早上选择衣服、整理外表几乎都是在浪费时间，尽量不要在这些事情上浪费过多的时间。

不要立即回复邮件

在实际工作中，"邮件"是最花时间的事情之一。有的人每天都会收到大量邮件，仅仅去回复那些邮件就会花费很多的时间。

那么我们该如何减少花在处理邮件上的时间呢？迄今为止，我在这方面做了相当多的研究与实践，最后我总结出了如下三条规则。到目前为止，我按照以下规则进行得非常顺利，并没有出现过什么问题。

1.不立即回复邮件；

2.尽量集中处理邮件（比如一天集中处理三次）；

3.不在收件箱中留存未处理的邮件。

首先，让我们来看看"不立即回复邮件"这件事情吧。

一般来说，工作中迅速回复和快速响应非常重要。能够快速响应的人，在工作上一般也会做得得心应手，这一点毋庸置疑。在现实生活中，我非常尊敬的人之中也有认为快速响应是一大优点的人。对于习惯于快速响应的人来说，一旦收到邮件，他们会立即回复。即使邮件的内容是当下无法作答的事情，或是在外出时收到的邮件，他们也会先回复道"已收到您的邮件，稍后回复"，让发件人安心。但对于近些年越来越感到"信息疲劳"的人们来说，立即回复邮件反而会适得其反。

对于我来说，如果我发出一封邮件后马上就收到了回复，这也就意味着我也必须立刻回复对方，所以我会感到非常麻烦。一直等待回复时的心情确实很焦急，但如果连等待对方回复的时间都没有的话，则会给双方带来痛苦，毕竟有时在回复前我们需要一定的时间去思考。另外，当我发出邮件后，有一些人会立刻打来电话回复，老实说，这也很令我困扰……其实我对每次都会立即回复的人是有些发怵的。

大概也是因为这样，我会把邮件整理好再集中进行回复。其实这种做法也很花时间。我现在每天会分早、中、晚三次阅读邮件并集中回复，有时候傍晚没能回复的邮件，我会放到第二天再做处理。这样做的话，每次回复邮件大概需要花费我一个小时的时间。尽管如此，比起频繁地检查新邮件并在收到后立即回复，还是集中处理邮件更有效率，所以我一直坚持着这种习惯。

我现在使用的电子邮箱具有强大的垃圾邮件过滤功能，而且还可以根据不同发件人的标签进行自动分类，非常方便。另外，回复了收件箱中的邮件后，点击"归档"按钮，还可以把这封邮件归档到"全部邮件列表"中。

刚刚我也提到过，每天我会分早、中、晚三次检查邮件，每次处理完所有收件箱中的邮件后，我就会关闭邮箱，直到下次检查邮件时再打开。此外，我还会关闭电脑以及手机的来信通知功能，这是因为我不太想受到邮件的干扰。

以上就是我目前处理邮件的做法，但其实最重要的是，无论你采取什么做法，只要自己用着方便还能节省时间，那就可以把这种做法确定为自己的处理规则，然后督促自己去执行。

规定好每天检查邮件的次数与时间段，整理汇总后再进行集中处理。

在邮件标题中注明正文内容，
正文部分也要尽量简短

接下来让我们继续讨论一下邮件的话题。

"怎样处理邮件的标题和正文"——这个问题对于能否快速、准确、简洁地完成工作任务来说至关重要。不要在每次编辑邮件时再思考这个问题，一定要事先做好决定。

首先，邮件的标题就是这个项目的题目，一定要把正文内容浓缩在邮件标题之中。比如，《关于○○的价格一事》这种简洁的题目能让对方一目了然地明白这封邮件的内容，那这样的题目就是最好的。如此一来，对方也不会觉得回复邮件太过麻烦，应该能够做到尽快回复。

经常有人在邮件标题中加上"○○株式会社 □田△男"等信息，其实这些信息只要看下邮件发件人就能知道，所以不需要特意写进邮件标题里。

此外还有很多邮件标题里会有【重要】【紧急】等标记。其实从收件人的角度来说，这着实令人郁闷——重要与否本来应该由收件人一方决定，而且紧急与否也只不过是发件人自己的想法罢了。虽然我很能理解发件人想在邮件标题里加入【重要】【紧急】等词的心情，但在这之前，首先考虑的应该是收件人的心情。

另外，邮件正文的内容也应该尽量简短、精炼。如果邮件内容长篇大论，收件人读起来会很累，回复起来也很麻烦，回复速度也会相应地变慢，这样反而会降低工作效率。

在上一章节中我也提到过，"一直承蒙您关照"

之类的寒暄语其实没有什么必要。我个人认为"你好"或"早上好"等干脆利落的问候语会更好。如果你和对方已经知根知底，那邮件里也可以直接开门见山地进入正题。

最近，我使用LINE和Facebook进行工作交流的情况也越来越多了。聊天前双方已经互相了解，所以开始交流时就不必再加入生硬的寒暄语，也不需要再自报姓名，而是可以开门见山地谈事情。同样地，在编辑邮件正文时，我们也可以将内容写得更简单、更轻松一些，试着以享受沟通的态度去和对方交流。这样的做法能提高你的干劲儿，而且干劲儿的提高也能大大缩短你的工作时间。

发送邮件时，首先要考虑一下收件人的感受，然后再着手编辑邮件的标题和正文内容。

减少选择，
从根本上让自己"无须选择"

　　人生就是接连不断的选择。绝大部分人可能都没有察觉到，其实我们每天、每分、每秒都在不断地做着选择，我们的整个人生其实就是这些选择的结果。例如，早上起床之后，先洗脸、刷牙、去厕所，还是马上就开始学习，抑或是直接不起床，继续睡个回笼觉呢？其实从早上醒来的那一瞬间开始，我们就在做着选择。现在的我其实也在面临着选择，是继续写作呢，还是暂时休息一会儿呢？说实话我真的很纠结。

　　活着，其实就是在不断地进行着选择，而且我们也不能将人生的选项完全清零。但是，我们可以通过减少人生的选项缩短纠结的时间，从而加快人生前进的速度。

要想减少选择，我们首先要做出"决定"。也就是说，我们需要事先决定好自己想要的生活方式。比如，决定自己在什么年纪想要做什么事情，以及每个年龄段要做什么事情。为了做好这些决定，我们必须仔细思考如何赚钱、如何花钱，自己这一生真正想做的事情是什么以及自己想要成为什么样的人等，认真考虑好这些问题的答案后，再决定未来的理想和计划。虽说事先要做好决定，但并不意味着我们的一生必须按照这些既定的路线行进。我们可以根据当下的想法，不断调整未来的理想与计划。但首先还是请大家思考一下上述这些问题吧。

在决定好未来的理想与计划后，我们需要决定自己在什么时间做什么。决定好所有的事情后，剩下的就是贯彻落实自己的决定了。比如，如果你想在将来说一口流利的英语，你可以给自己规定"每天记十个单词"；如果你想学会弹吉他，你可以给自己规定"每天练习一个小时"。像这样决定好大目标后，再去决定自己每天需要做什么。如果事先决定好了每天要做的事情，那我们就不会再去烦恼"今天要做些什么"了。而且只要每天坚持执行自己的决定，我们的人生也会朝着更好的方向前进。

除此之外，还有另外一种减少选择的方法——确定好自己的"标准"与"规则"。比如，针对"要不要闯没有车辆经过时的红灯"这件事，如果我们事先做好了决定，真正面临这种情景时，我们也会轻松许多，不会再去纠结要不要闯红灯。我给自己定的规则是"必须遵守社会上的规则"，所以不管有没有车辆经过，遇到红灯时我肯定会停下脚步。在这种情况下，我明白自己会因为遵守规则而浪费一些等待的时间，但还是比每次都要纠结一番更好。另外，我还给自己制定了一条"只要有一点儿空闲时间，就要思考当下面临的问题"的规则，所以实际上我并没有浪费时间，而是在进行思考。我还会根据自己的身体状况来决定"在外吃饭时吃什么"。例如，如果近期稍微胖了一点儿，我就会尽量不去摄取碳水化合物。

像上述这样，事先决定好自己在各种场合下做事的标准与规则，当遇到对应的情境时，我们就不会再纠结犹豫了。最重要的是，这种做法可以节省大量的时间和脑力。

如果你不知道如何减少选择，或者不知道该怎么制定自己的标准与规则，那就请你把自己某一段时期内的迷茫和烦恼都写在笔记本上，然后进行分析吧，或许会有意想不到的收获哦。

为了减少选择时使用的时间和脑力，我们需要事先决定好"每天要做的事情"，并制定好自己的行动标准。

彻底排除
那些分散自己注意力的因素

想要高效利用时间时，或是想要在较短时间内完成工作时，最重要的一点就是要"集中注意力"。为此，我们必须彻底排除会分散自己注意力的因素。这些干扰因素大多是通过视觉与听觉来分散我们的注意力的。

首先，让我们来谈谈视觉方面的干扰因素。

在第二章的"01 桌面上只摆放少量必需品"中我也说过，为了集中注意力，我们必须做到在视线范围内只摆放一些必需品，不要让一些不必要的多余物品出现在眼前，这一点非常重要。例如，用电脑办公时，尽量让自己的眼前只有电脑屏幕，文件、文具、日历、马克杯等物品都要放在远离视线的位置上。如果自己的视线中有工作对象以外的东西，那我们就很容易因为看到它们而导致注意力中断。即使每次仅仅留意了0.1秒，累积起来也会造成相当大的时间损失。

我这个人比较神经质，在公交车上看书时，如果周围人用手机玩起了游戏，我就会很在意对方的手指动作，导致自己无法集中注意力看书。如果对他人的动作太过在意，我就会把书签夹在眼镜腿里，让自己看不到对方的手指动作。如果有人类专用的赛马戴的马眼罩（限制赛马视野的马具），那我肯定会买入。

接下来，让我们来谈一谈听觉方面的干扰因素。

当我集中精力工作时，比起视觉上的干扰因素，听觉上的干扰因素更能影响我。我几乎不怎么接打电话，也关闭了手机的通知功能，所以当我在家或者在事务所工作时，我几乎不会被外界的声音打扰到。问题主要发生在我去事务所以外的地方工作的时候。比如，当我在公交车里看书的时候，我会很在意周围人的对话声，从而导致自己无法集中注意力。每当此时，我就会使用耳塞。本来在准备税务师考试时，为了在喧嚣声中也能集中注意力学习，我才开始使用耳塞的，但如今已经成了习惯，怎么也改不掉了。现在的耳塞也在不断更新换代，隔音能力也越来越强了。如果你也因为太过在意身边的声音而无法集中注意力，那推荐你使用一下隔音耳塞。

为了集中注意力工作，不要在视线范围内摆放无关的物品，此外你还可以根据个人情况使用耳塞来隔绝外界的杂音。

放弃"等待的时间"

　　很多人都没有意识到"等待"所造成的时间损失，这一点令我很意外。我一向很讨厌"等待的时间"，所以总是在思考如何减少"等待的时间"。在这里我为大家介绍几种方法。

　　从工作到个人生活，我们的人生中充满了各种各样的"等待的时间"。

　　·等待参会人员全部到齐的时间

　　·等待电脑处理任务的时间

　　·拜托他人处理工作时的等待时间

·等待公交车的时间

·在餐厅等待菜品做好的时间

·在商店收银台或银行窗口等待的时间

……

在我看来，所有造成这些"等待的时间"发生的原因都是我们自己。也就是说，让自己置身于这些需要等待的情境中，本身就是我们自己的错误。我经常会看到排队排得非常焦躁的人，但这些人完全没有意识到是自己选择了去排队。一旦他想到这是自己的错误选择时，那应该就不会一味地烦躁了。

那么，怎样才能消除所有的"等待的时间"呢。下面我为大家介绍四种方法。

1.轻装上阵；

2.打出足够的时间富裕；

3.不和其他人采取同样的行动；

4.巧妙地并行处理任务。

其中第一点"轻装上阵"和第二点"打出足够的

时间富裕"需要配合起来使用。比如，如果人际交往、客户、进行中的工作以及持有的东西大幅增加，我们的日程就会排得满满当当的，时间上自然也就没有富裕了。这样一来，我们的行动就会受限，也容易造成"等待的时间"的产生。为了避免这种情况的发生，我们平时制订日程时就要注意不要把计划排得太满。

其实每个人一天能做的事情都是有限的，但很多人往往会高估自己的能力，认为自己一天能处理很多事情，所以会把自己的日程排得非常满。如果硬着头皮处理完所有的事情，每项工作的质量都会有所下降。如果在日程安排上留出足够的时间富裕，不仅工作会进行得非常顺利，我们能够自由支配的时间也会增加，也许还可以完成额外的工作任务。当然了，时间有富裕，也可以在一定程度上避免"等待的时间"的产生。

在减少"等待的时间"的四种做法中，最简单的应该就是第三点"不和其他人采取同样的行动"。比如，到了每月25号的发薪日和月末，银行的ATM机前就会排起长龙。为了避免必须在这一天取钱，我们平时就应该在手头多留一些现金，或者设置银行自动扣款业务。另外，很多公司都规定了午休时间，一到那个时间点，公司周围的餐饮店里必定会排起长队。如果能自主调整自己的午休时间，建议大家最好避开拥挤的时间段。

第四点"巧妙地并行处理任务"是指，如果无法避免产生"等待的时间"，那就在这期间做些什么，以此来消除"等待的时间"。比如，排队时或者在银行窗口等待叫号时，我们可以选择看书。在这种时候，很多人往往会刷刷手机，但是我们难得有段空闲的时间，还是做些能对自己的人生起到积极作用的事情吧。

POINT

尽量避免产生"等待的时间"，事先设定好自己的日程和行动。

放弃无意义的人脉和不重要的聚会

在社交网站的投稿中，往往最引人注目的就是"展示自己的人脉"。例如，有很多人每周都会去参加盛大的派对，或者总是和同一群伙伴喝酒聚餐、笙歌鼎沸，又或者是拍一些和名人的合影，以此来炫耀自己的人脉。

人们常说"人脉就是财富""人际交往至关重要"，但比这些更重要的其实是我们自己。只有当自己脚踏实地、稳扎稳打且生活工作都一帆风顺时，我们才有资格去谈论人脉和社交。人生必须依靠自己的实力去攀登高峰，其他任何人都无法依赖。

其实，很多人对参加酒局、派对这件事存在着误解，他们觉得这就是"人际交往"与"建立人脉"。以前很多人每周都会和公司同事一起去喝酒，一起说上司、其他部门或公司的坏话来消愁解闷儿，但最近这种状况可能有所减少。确实，在这种场合中，一起说说上司的坏话，彼此间的人际关系也会更紧密，这也确实是在社交。但不管在酒局上议论了多少、抨击了多少，现实都不会有改变，从本质上来看其实只是无端地浪费了时间。如果你经常去参加这种酒局，下次就果断拒绝吧。

对此有些人可能会说："那么，去参加地位与年收入都比自己高的人群的派对不就好了吗？"然而事实并非如此，这种派对和同事间的酒局一样，都是在浪费时间。这种派对乍一看上去非常高端气派，但其实大多数参加者都有自己的目的，大部分是在寻找生意上的"冤大头"。如果你想在这种场合建立人脉，抱着"说不定会有什么好处"的想法去参加，非但不现实，反而还可能受到伤害。我本人就尽量不去参加这种聚会和派对。

但也不能一概而论，我并不是说所有的酒局和派对都没有参加的必要。如果参加者中有在自己想学习或者感兴趣的方面上拥有出色成绩的"值得尊敬的人"，那还是建议大家去参加的。如果在这种场合下结交的人能够帮助自己学习，那么这也有可能成为你自己的人脉。

在这一节的内容中，我最想说的是"不要轻易依赖别人，在锻炼好自己的头脑和体魄、并创造出自己的核心价值之后，再走出去和别人结交吧"。不要浮躁，坚定自己的内心，创造自己的核心价值吧。

多半"人际交往"和"建立人脉"其实都是徒劳的，不如花时间锻炼、强化自己。

本章·要点总结

✿ 早上不选择西装、衬衫以及领带，节省时间和脑力。

✿ 提前规定好每天检查邮件的次数与时间段，并且不要立即回复邮件。

✿ 在邮件标题中写清楚正文的主旨内容，邮件的正文内容也要尽量简洁精炼。

✿ 彻底排除分散自己注意力的因素（物品或者声音）。

✿ 安排日程时，要留出些时间富裕，尽量和其他人错开行动，避免产生"等待的时间"。

第四章

清理掉大脑中
"无用的情绪"

放下自负和虚荣

在本章中，我将主要阐述如何"改善"以及"改革"我们的大脑内部。简单来说，就是通过改变思考方式来逐渐完善自己，并最终达成改善工作和人生的目的，即自我改革。

首先，让我们从放下"自负"和"虚荣"说起。

我们每个人都有自负的情绪。很多人会在一定程度上高看自己，同时又希望得到公众的"准确评价"。但事实上，这种情绪正是导致各种麻烦的原因，也是导致工作效率低下的一大因素。当然了，我们每个人都"想被别人看好""想要得到准确的评价",这种想法不应该被否定。此外,产生"不想屈居人后""想先人一步""想过上更好的生活"等"虚荣"的想法也是很自然的。

但如果能放下这种"自负"和"虚荣"的情绪,不仅我们的生活会变得很轻松,整体的工作效率也会有所提高。为什么这么说呢?因为放弃这些情绪后,我们的精力就不会浪费在想被别人看好或是过分在意自己的外表上。如果能按照自己的真实想法坦率地工作,不掺入一丝杂念,自然更容易取得成果。另外,正因为"不在乎别人的看法",敢于展现出自己最真实的一面,反而更容易让别人对我们产生好感。

其实我本人就是心怀着"自己真是个没用的家伙,能力不强,工作又做不好"的想法,度过我的每一天,处理着每天的工作。正因为对自己没有太多的期待,工作和生活真的非常轻松。

但在这个世界上,也有很多人以"自负"和"虚荣"为原动力，不断给自己施压，并通过克服这些压力而变得更加强大，所以看低自己也并不一定完全正确。又过放开自己的局限，客观地看待自己，真的会让生活变得更轻松愉悦。在工作上，尽量不要给自己施加诸如"想要出人头地""想被委以重任"之类的压力。秉持着"虽然不确定自己能不能胜任这份工作，但如果您想交给我的话，那就请放心交给我吧"的态度，反而会给自己带来更多的工作机会。

我最近开始毫不掩饰自己，在职场上也坦率地以一种"我就是这样的人，如果您不介意的话，可以把工作委托给我"的态度来对待工作。但没想到的是，工作任务反而接踵而至。而且，因为一开始对自己没抱太大的期望，偶尔工作任务完成得不错时，我就忍不住地想要夸奖自己。这样一来，整个人更有干劲儿，在接下来的工作中也能继续努力。

果断放下"自负"和"虚荣"，不要对自己期待太多，轻松愉快地工作和生活吧。

POINT

放下"自负"和"虚荣"，别对自己抱有过多期待，这样不仅心情会更加轻松愉悦，工作也会更加顺利。

放下无意义的执着

俗话说，细节决定成败。确实，在工作中对于细节的"执着"非常重要。大多数时候，对工作认真执着，才能让客户感到满意。尽管如此，但我们也不能过度执着。

在工作时，首先要考虑的是"这份工作的结果会是怎样"。在我的税务师事务所里，所有员工工作时都非常认真细致。例如，员工们会把客户的会计相关交易一件一件地详细记录下来，不过，为此花费了很长时间也是事实。比起认为有所帮助，我常常会觉得"明明不用做到这种程度"。为什么这样说呢？因为从结果上看，这些事情完全没有记录的必要。事务所的必要工作是"保证在将来税务审查时不会出现差错"，只要能够达成这个目标，其他工作都可以尽量简化。

不仅在我的事务所，无论在哪家公司都是一样的道理。例如，在打扫卫生时，把所有的角落打扫干净确实是一件非常了不起的事情。但如果这么做会花费大量的时间，那就应该尽量在最短的时间内打扫到差不多干净的程度就可以了，或者平时简单打扫打扫，到了一年一度的大扫除时，再花时间仔细打扫，让每一个角落都干净到闪闪发光，这样不是也很好吗？

我希望大家都能抽出一定的时间来重新审视一下自己是不是对现在的工作过于执着。把每个任务都列出来，确认每个任务需要完成到什么程度。恐怕这个世界上并没有什么工作一定要达到100分的程度。无论什么样的工作，能够交出80分左右的答卷就已经足够了。这样一来，我们只需要耗费最少的精力，达到80分就可以了。这种做法不仅能让我们做出不错的成绩，还能省去多余的劳动，从而增加属于自己的时间。

（POINT）

认真工作固然重要，但如果过于执着于细枝末节，花费过多的时间与精力就得不偿失了。

放下个人喜恶

　　每个人都有自己的"个人喜恶"。在工作上，如果能放下自己的"个人喜恶"，或者把"个人喜恶"区分开来考虑，我们就能收获更好的工作成果。在这一节中，让我们试着思考一下这个问题吧。

　　我想大家都会有自己"喜欢的工作"和"讨厌的工作"吧。一般来说，我们可以优先完成"喜欢的工作"，但往往"喜欢的工作"中也会掺杂着一些"讨厌的工作"，这导致我们无论如何也无法逃避这些"讨厌的工作"。

首先，请大家把目前手上的全部工作列出来，并分成"喜欢的工作"和"讨厌的工作"。对于"喜欢的工作"，请保持原本的工作状态。剩下的"讨厌的工作"着实是个大问题。如果心情不畅地从事着"讨厌的工作"，不仅不利于心理健康，说不定还会给业绩造成影响，所以，尝试着放下吧。

那么，如何才能放下"讨厌的工作"呢？有如下几种方法。

第一，你可以选择干脆爽当地直接放弃这项工作。在第一章中我也提到过，其实大部分工作不做也完全不会造成什么实质性的影响，只不过是我们自己觉得"必须要做"，庸人自扰罢了。仔细衡量一下，如果你觉得这件事情"不做也没关系"，那就干脆放弃吧。

第二，如果遇到"无论如何都不能放弃"的情况，又该怎么办呢？这种情况下有一种解决办法，那就是"委托给别人"。在这个世界上，一定有人喜欢从事你所"讨厌的工作"。比如说你"最讨厌精细的工作",但在你之外的人群中,一定会有人"非常喜欢精细的工作"。试着找到一个喜欢从事自己"讨厌的工作"的人吧。如果公司内部没有合适的人选,你还可以在"Lancers"[1]之类的外包网站上找一下,当然,这仅限那些保密度较低的工作。

此外,肯定也会有无论如何都必须亲自完成那些"讨厌的工作"的情况。这种时候,我们可以给自己设置一点奖励,以此来淡化对这份工作的讨厌程度。

我一般会交替穿插着进行"讨厌的工作"(既麻烦又费力的工作)和"喜欢的工作"(给我带来充实感的工作)。只要完成了"讨厌的工作",接下来就可以去做"喜欢的工作",这对于我来说也是一种动力。

其实,对待工作,不分喜恶、做好每一份工作才

1 Lancers是日本最大的外包工作委托平台,可以在线匹配有委托业务需求的公司以及想要寻求工作的个人。

是最正确的态度，但我们身为有血有肉的人类，谁都不可能彻底做到没有个人喜恶，所以让我们通过各种方法克服一下吧。也许经过不断的努力，"讨厌的工作"终有一天会变成自己"喜欢的工作"，一切都说不定呢。

要么放下"讨厌的工作"，要么委托给别人去做，要么穿插交替着进行"讨厌的工作"和"喜欢的工作"。

放下多余的顾虑——忖度

　　"忖度"这个词语在2017年火了起来，并获得了当年的日本"新语·流行语大赏"[1]。这个词语的意思是"推测他人的心理"。本来是个褒义词，但现在常用来形容"为了奉承迎合对方而产生的多余的顾虑"。

　　推测他人的心理非常重要。"站在对方的立场上

1　新语·流行语大赏是日本自由国民社主办的年度新词与流行语的票选活动，每年挑选出可反映出当年度日本社会现象且引起话题的排名前十的词句，并为与这些词句相关的人物或团体颁奖。

进行考虑"也正是做人的重要原则。如果做不到这一点，就会给他人添麻烦，甚至还可能被他人厌恶。当然了，在工作中，如果不能站在对方的立场上考虑，生意本身就谈不成。

但"忖度"一词中所包含的"多余的顾虑"，很多时候并不是必需的，我们应该放下这部分多余的"忖度"，这样工作才能完成得更快更好。举一个例子，比如说人们会花费过多的精力和财力去接待生意客户。我的客户中就有人在社交上花费了大量的金钱，经常陪客户去打高尔夫或聚餐。但我有时候也想吐槽一下："非得这样隆重接待不可吗？"即使盛情款待了客户，也不一定就能谈成合作吧？请客接待的时候可能气氛会很好，但到了商务场合就另当别论了。所以，我认为这种对生意客户的"忖度"是完全没有必要的。

另外，我们也不需要"忖度"上司。能在公司里出人头地并最终生存下去的无外乎两种类型的人，一类是能力强、非常优秀的人，另一类是老板和管理层喜欢的人，后者就十分擅长"忖度"。为了出人头地，他们会特意讨好上司或高捧上司，让上司感到愉快，为此他们会频繁地"忖度"。这样的人如果能顺利出人头地，也许可以称之为一种幸福，但我想，在今后的社会中，这种生存方式恐怕行不通了，我们最终还是得靠自己的实力去争取在公司中的地位。

如果每个人都无法拥有自己的意志，不能发挥自己擅长的技能，那么整个社会将分崩离析。在不久的将来，光靠揣测对方的心理恐怕是无法生存的。希望大家能早些放下"忖度"，自由随心地工作和生活。

只有放下对生意客户和上司的"忖度"，并专注于提高自己实力的人，才能在这个社会中长久生存下去。

放下"业界常识"和"没有先例"

在职场中，我们经常会听到所谓的"业界常识"。例如，"我们这个行业是一个比较特殊的行业……"或是"业界有惯例，所以必须遵守相应的要求……"，甚至还有"我们公司就是这样，所以……"等，相信每位上班族都听过这些言论吧。

但随着社会的不断变革，各个行业也会随之变化，从前的常识在不知不觉中逐渐行不通了，这才是世间常态。另外，"业界常识"大多都是"社会的非常识"，为了自己的未来，我们需要放下这些所谓的

"业界常识"。

人类倾向于维持现状，厌恶改变现状以及现状的改变。我自己也觉得如果能按现在的状态度过接下来的每一天，那将是非常轻松的事情，相信大家也是这种想法吧。正是因为这种想法的存在，所谓的"业界常识"才一直在延续着。

以前在公司上班的时候，我就被这些所谓的"业界常识"和"公司习惯"紧紧束缚着。有很多工作不管怎么想都没有做的必要，或者明明可以采取更加高效的方式去做，却不知为何依旧延续着低效的工作方式。不想加班，想早点回家，极度不想做没有意义的工作，于是我直接和上司沟通。通情达理的上司会认同其中的一部分，但不近人情的上司经常会凭借"没有先例"或者"一直以来都是这样的"之类的理由，完全不予承认。

但就算一直以来都是某种习惯，如果这种习惯是错的，那就应该马上停下来，我们必须在工作的同时去验证"这个工作是否真的有必要"以及"这个做法是否正确"。如果一直以来的做法都是错误的，却不停下来，反而继续进行，那么就没能做到及时止损。如果不能及时止损，之后由此产生的损失还将不断扩大。不仅如此，我们还会因为没能及时止损而导致自己无法开展新的工作，这样就造成了双重损失。

以我至今为止的经验来看，即使放下"业界常识"以及"公司习惯"，也不会产生任何问题，甚至正面的效果反而会更多一些。我在其他书中也写过这样的内容：在某公司的经理部工作时，我曾请人废止了员工领取出差经费使用的"CD机（自动提款机）"[1]。在此之前，大家都以为CD机是个必不可少的东西，结果最终发现，废止了CD机的使用没有带来任何问题。所以我认为大家也应该对"一直以来认为是理所应当的事情""自己必须要做的工作"存疑。

1　CD即"Cash Dispenser"的缩写。

此外，通过放下"业界常识"，我们还能打开通往"新世界的大门"。例如，现如今许多人使用的智能手机也是打破了以往"手机越小越好"的旧"业界常识"后才得以诞生的。在这种商业竞争中，放下"业界常识"，创造出新的产品才是取胜的关键。照搬原来的东西，我们只能创造出普通的东西，但这个世界更需要的是打破常识和习惯的全新事物。

希望大家能够打破"业界常识"，不断创新并创造出全新的事物。我也会朝着这个目标不断前行。

对"业界常识""社会习惯"保持怀疑，不断放下，才能创造出全新的自我以及全新的商机。

放下惯有的方式

在职场上，"工作方式"以及"事物的处理方式"至关重要。我们需要不断去挑战新鲜的事物，但是在挑战的"方式"上千万不能出错。

如果一个人确信自己"迄今为止形成习惯的做法绝对正确，没有一毫米的偏差"，那他将自己的做法贯彻到底就可以了，但事实上这种情况非常少。更多的情况是，"放弃了之前的做法后，没想到我竟然有了新的发现！"

在历史长河中，数不胜数的"工作方式"以及"事物的处理方式"不断诞生，其中最优秀的方式传承至今，一代代的人们还在践行着。坦率真诚地去学习新的方式，选择并汲取其中优秀的、适合自己的方式并加以运用，这一点很重要。虽然我觉得自己的工作方式已经足够高效，但其实我需要学习的东西还有很多很多。

一般我是通过阅读书籍来学习新的"工作方式"。发现可能会对自己有所帮助的书籍后，我会尽量买回家去看。如果其中的一些方式能够显著提高自己的工作效率，那我的自由时间就会增加，所以我会抱着"使用金钱换取时间"的观念去学习。此外，在电脑以及智能手机的使用上，经常会出现一些很方便的使用方法，或者是能够提高工作效率的使用方法，我们在掌握这些方法的同时，一定要将其运用到自己的实际工作中。

当今时代本身就是一个科技迅猛发展的时代，五年、十年还保持着相同的"工作方式"以及"事物的处理方式"去工作，完全是不现实的。尽管如此，我们也无须刻意去更新所有的"工作方式"，只要去学习掌握那些适合自己的就足够了。学习到新的知识后，将其一点点转化成自己的东西，一点点地消化吸收。敢于一点点改变自己，其实就已经非常了不起了。

在工作中，很多人在只学到某种新方式的一点皮毛时，就武断地将其定为"自己惯有的方式"，并过分执着。看到其他人工作时，想必大家经常会发出"明明那样做更高效，他为什么非要这样做呢？"的疑问吧。说不定我们自己也钻进了某种"工作方式"的牛角尖里呢，所以大家工作时还请多多注意。偶尔停下自己的脚步，回过头来客观地评价一下自己的工作现状，检查一下自己工作中有没有效率低的地方？有没有奇怪的地方？如果发现了问题的存在，就要立刻行动，立刻去改善。

在日常工作中，不断思考"自己现在的工作方式"是否真的是最合适的，如果发现了更好的"工作方式"，一定要毫不迟疑地改进。

⤷ 本章 · 要点总结

✿ 放下"自负"和"虚荣"，不在形式上花费过多精力，工作的效率和质量都会得到显著的提升。

✿ 不要过分拘泥于工作的最终完成度，答卷只要能够得到"80分"就算过关。

✿ 尽量放下"讨厌的工作"，努力让自己专注于"喜欢的工作"。

✿ 放下没有意义的"业界常识"和"公司习惯"，勇于创造全新的商机。

✿ 这个世界上存在着数不胜数的"工作方式"以及"事物的处理方式"，不要过分拘泥于"自己的工作方式"，时刻准备好给自己升级、更新。

第五章

放弃妨碍工作的
"无用之言"

不说"我个人认为……"

本章主要以"说话的方式"为焦点进行探讨。在工作中，仅仅通过放弃下意识说出某些词汇，我们就能提高工作的效率和质量。

人们经常说"工作中交流能力是必需的"，但交流能力实际上又取决于人们的语言。既然有这次难得的机会，希望各位读者能好好阅读一下本章节，重新审视一下自己的语言。为了让我们的工作和人生走向更正确的道路，改变一下自己的说话方式吧！

首先让我们来思考一下"我个人认为……"这句话。几年前，我经常下意识地说出这句话。我也算是法律方面（税法等）的专家，主要通过给客户提供确切的答案来获取报酬，所以我不能使用并不表示判定含义的"我个人认为……"这句话。虽然现在我偶尔还会无意识地说出这句话，但我也在尽量避免。

"我个人认为……"这句话中包含着"如果自己判定的事情出现了差错，会很糟糕，所以先给自己准备好退路"这种含义。"我是这么想的"等语句也是一样的，这些话中都包含了"我虽然是这么想的，但也不一定正确，如果这个答案不对，那我很抱歉"的语气，像这样给自己找借口和找退路不是一种好的做法。

在工作中，我们需要在做出最终答复前好好调查，给出的答复必须是"就是这样"的准确答案。另外，当我们无论如何都找不到答案时，一定要向对方直接明确地说出"我不知道"。这个世界上，没有人知道所有的事情，在自己的专业领域内，我们需要尽可能地去调查，但大家要明白"尝试调查了很多，但最终还是没有找到答案"也是答案的一种。

如果事情弄不明白，我们可以不做。但如果暧昧不清、模棱两可地说出"我个人认为……"后，并去做了这件事，结果反而走向错误的方向，那就惨不忍睹了。所以，我建议大家停止使用"我个人认为……"这种不负责任的语句。

　　虽然我也会使用一些诸如"难道不是○○吗""可能是○○吧"此类的语句，但这些其实和"我个人认为……"一样，都是在为自己找寻退路。如果无法断言"就是○○"时，我们可以先把这些话留在自己心里，这也是提高交流能力、促使工作顺利进行的诀窍之一。

　　"我个人认为……"这句话中隐含了借口和退路，建议大家尽量避免使用。

不说"好像是⋯⋯""感觉是⋯⋯"

"好像是⋯⋯""感觉是⋯⋯"等说辞和"我个人认为⋯⋯"一样，都是回避确切表达的暧昧含糊的用词，而且说出这些话也表明说话者缺乏当事人意识。

在工作场合中，如果有人经常使用这种暧昧含糊的说辞，那他被人贴上了"派不上用场"的标签，也是没办法的事情。明明工作做得很好，却因为说话方式不当而被人贴上标签，那就太可惜了。如果你也经常说这种话，还是趁早改掉吧。

职场上的交流寻求的是客观性和准确性。比如说我从事的经营管理这种需要和数字打交道的职业，数字本身就是结果，所以在报告的时候可以直接说"就是〇〇"。在销售上也是一样的道理。当你并不知道潜在客户是否会购买时，如果上司向你询问具体的情况，你很可能会不假思索地说："我感觉他好像会买的。"说实话，你说出这句话时的心情我非常理解，但从这个回答中，听的人并不能获得什么具体信息，比如，现在影响客户做最终决定的障碍是什么？我们现在需要做什么？一概不能得知。但如果我们的回答是"目前客户仍在考虑阶段。我们的价格比其他公司的产品贵了10万日元，这是影响客户做决定的一大障碍"，那么我们就可以和上司一起探讨接下来的对策了。如果只是说"我感觉他好像会买的"，我们就完全不知道眼下应该制定怎样的对策。为了让工作进展更加顺利，我们需要直接明确地说出准确的信息。

虽然我高高在上地做了一番阐释，但其实我自己偶尔也会使用这种语句，所以我每天都在反省。给出准确的"断定"式答复是需要承担一定责任的，所以我们在无意识中都会选择一种逃避式的表达。如果能避免使用这些语句，我们就能够给周围人留下一种"这个人头脑非常清晰，做事也很干净利落"的印象。如果平时在为人处事上你还能保持一种和蔼可亲的态度，那就更加如虎添翼了，相信周围人对你的信赖感也会大大提升。

不使用暧昧含糊的语句，牢记要"直接并明确"地回答，这样不仅工作能够顺利进行，周围人对自己的评价也会提高。

不说"这样不是很好吗?"

"这样不是很好吗"这句话其实包含着两层意思。第一层意思是表示"目前的状态不是很好吗",第二层意思则是表示"这件事情难道不是无所谓吗"。这两层含义中都有一种不太负责任的语气,所以建议大家在工作中要极力避免使用这种语句。

第一种正面意义上的"这样不是很好吗",经常会用在上司检查下属工作的情形中。当上司感觉"这样做挺好"时,经常会说这句话。但由于这句话是一种暧昧含糊的表达,下属从这句话中并不能得知自己是否真的做得可以。当他们觉得"这样的感觉就OK"的话，那在下次工作时可能就会以一种马马虎虎、敷衍了事的态度来对待了。在下属看来，如果上司没有告诉他在这份工作上做得好的地方以及做得不好的地方，那在接下来的工作中自己就无法做到取长补短、活学活用了。

此外，上述"这样不是很好吗"这句话中还可能包含了"虽然这样也挺好，但我更想让你那样做"的意思。如果上司不能向下属明确传达出后半部分的"我更想让你那样做"的内容，那么下属就无法在工作中获得成长。身为上司，必须向下属准确且具体地指出其工作中做得好的部分以及没有做好的部分。

第二层意思上的"这样不是很好吗"会在人们想要表达"其实不去做也完全可以"时使用。尤其是"很好"这个词语，从日语的字面意思上来看，有"好"和"并不需要"这两种意思，所以分辨起来非常麻烦。在不同的语境和使用方法中，表达哪种意思都有可能。例如，当我们说"一起去〇〇吧"的时候，如果对方的回答是"这样不是很好吗"，那他到底是想去，还是不想去呢？从这个答复中我们无法准确判断其真实意愿。

如此想来，"这样不是很好吗"真的是一句应该极力避免使用的表达。

不说"这样不是很好吗"，要准确且清楚地向对方传达出"好"或是"不好"，这样才能真正提高工作的质量。

不说"暂且"

"暂且"这个词语非常好用，我也很清楚大家喜欢用这个词语的原因。虽然它能表达出"在目前这个状况下，暂时先……"的含义，但我还是想尽量避免使用这个词语。

去餐馆吃饭时，我们经常会用到"暂且"这个词语。有些餐馆甚至还会有"暂且都会点的菜单"（推荐菜单），而且客人们也有一套固定的点菜模式：首先点上一杯啤酒，接着点一些毛豆等下酒菜，然后就会说"暂且就先点这些吧"，然后结束第一轮点菜。

在这种场合下，使用"暂且"完全没有问题，但在工作中最好不要使用。

对下属或被委托工作的人说"你暂且先把这件事情做完"，是一种非常失礼的行为。被委托工作的人可能会觉得"既然这个工作很随意，那我就暂且做一下吧，正好用来消磨时间"，然后接受了工作。工作本应该是需要正确对待并正确处理的事情，我们必须在百分之百完成任务后再将其交回委托人。但如果我们以一种"暂且先做一下"的态度委托工作，那对方就会产生"马马虎虎做一下，然后交回去就可以了"的想法也并不奇怪。所以建议大家在委托工作时一定要避免使用"暂且"这个词语。

这几年，年轻人中还流行着一种"暂且吧"的说法，这似乎是"暂且就这样吧"的缩略语。虽然年轻人之间使用这种说法没什么问题，但如果在职场上也大肆使用，那就会让人感到困扰了。虽然这个词语用起来非常方便，但如果我们以"暂且就这样吧"的姿态来对待所有的事情，那很可能导致社会普遍认可这种暧昧含糊且马马虎虎的态度。虽然我可能考虑得有些过度，但这种态度确实可能引发各种事件和事故。

"暂且"这个词语，一旦使用起来就会上瘾，而且很可能会在一些场合中给他人留下一种自己"在以马马虎虎的态度工作着"的印象。不管怎么说，使用"暂且"这种表达方式有百害而无一利，建议大家马上放弃这种表达习惯吧！

在委托工作时使用"暂且"这个词语，可能会造成对方失去干劲儿以及工作质量下降。

不说"让我考虑一下""让我研究一下""让我调整一下"

我列举出的"让我考虑一下""让我研究一下""让我调整一下"这三种说法，都是可以表示出"保留态度"的表达方式。在大多数场合中，这些表达都包含着一种"我现在无法立刻做出决定，请给我一些时间"的意思。虽然在想要争取时间或无法立刻做出决定时，这些表达用起来非常方便，但如果使用过多，可能会被他人认为自己是一个"光说不做，只会停留在口头上的人"，所以一定要多加注意。

我的熟人中就有这样一个人，他总是在说"让我考虑一下"或"让我研究一下"，却从不付诸实际行动去真正地"考虑"或"研究"。而我对于自己想要实现的事情，基本上都会想方设法地去解决，所以并不会因此感到困扰。但当事情的主导权掌控在对方手中，想让对方做出决定时，对方却常常只给出保留态度，而我们能做的只有等待，这时，我们就很容易烦躁不安。

我们可以说"让我考虑一下"或者"让我研究一下"，但需要给这些"考虑"或是"研究"加上一定的时间期限。例如，我们可以说"请允许我考虑一下，我会在〇月△日之前联系您"。但如果无法在这个日期前遵守约定，我们就会失去对方的信赖，长此以往，只会让对方越来越疏远我们。

然而，如果不定下时间期限，只简单地说"让我考虑一下"或者"让我研究一下"，这会让对方一直处于等待回复的状态，并且给对方带去压力，所以这一点我们必须避免。尤其是当我们心里明明想拒绝，却不顾这一点，跟对方说"让我考虑一下""让我研究一下""让我调整一下"，然后一味地拖延最终答复的时间，这种做法是非常自私的。对方一直满怀期待，结果等了很久之后却遭到了拒绝，那对方会很没有面子。最理想的做法是速战速决，立即做出决定，当场就回复到底"做"还是"不做"。

此外，在双方开碰头会时，如果说到"下次的商谈需要定一个时间，我们现在决定一下吧"的时候，我们必须当场做出决定，尽量不给自己留下待定状态的任务。

我是一个性急又任性的人，所以很讨厌对方一直处于考虑中或保留判断、不做出最终决定的状态，这种时候我往往会感到压力很大。所以能立刻做出决定时，我就会尽量当场做出决定；需要时间考虑时，我就会明确地给出期限。

因为工作的原因，我经常会遇到一些十分麻烦的商谈和咨询。当我收到这种邮件时，我会在阅读的瞬间就开始认真思考，然后给出答复。在回复时，我不会写"让我考虑一下"，而是会直接给出"明确的答案"。如果需要花费一定的时间来找答案（必须进行调研等情况），我会在回复中明确写上"我需要在某日之前进行调研，届时再跟您联系"这样的内容，然后把这项任务好好地记录在笔记本或电脑上。虽然这样也将对方置于了等待答复的状态中，但我明确地给出了期限，所以对方也能够理解。如果只是回复"让我考虑一下"，那对方将完全不知道自己什么时候才能得到答复，这会给对方带来一些无谓的压力，长此以往必定会让对方失去对自己的信任。

此外，"让我考虑一下""让我调整一下"也经常会作为社交的客套话来使用。当他人邀请自己"一起去吃饭"时，自己明明并不感兴趣，但还是会回答"让我考虑一下"来保留自己的意见，相信大家都有过这种经历吧。但如果我们总是采用这种回应方式，就会被判断为"只会说客套话"，那以后不仅重要的时刻不会再被邀请，工作上的委托可能也会减少，所以一定要注意自己的说辞。

当接到他人的邀请或委托时，一定要立刻做出决定。如果需要时间调查和思考，那就请在回复对方时明确说出"我会在某日之前给您答复"。坚持这种行为能够帮助我们获得对方的信赖。

经常使用"让我考虑一下"等包含"保留态度"的表达，不仅会给对方造成困扰，长此以往还会让自己失去对方的信赖。

不说"我很忙"

我经常会被人问:"你很忙吗?"相信大家也经常会被问到这个问题吧。当我被问到"你很忙吗"时,我一般会微笑着回答:"不,我一点儿都不忙。"

在这个时代,基本上每个人都"很忙"。其实说实话,我也"很忙"。个人生活以及工作方面想要做的事情和需要做的事情很多,但我并没有足够的时间去完成所有的事情,这也是真实的情况。但基本上我们只会去做一些自己想要做的事情以及自己选择做的事情,所以并不会产生那种"啊啊啊,太忙了，好烦啊"的念头。虽然我们偶尔也会有"要是有更多的时间就好了"的念头，但这毕竟无法实现。如果时间怎么都不够用，我们有两种方案去解决这个问题，要么减少"要做的事情"，要么增加"不做的事情"。

"很忙"这个词语中包含了"停止思考"以及"被动性"这两种含义。当你被委派了并不想做的事情，并且做这件事需要花费大量时间时，想必你会因为时间不够用而感觉"很忙"吧。但如果日程表中排的都是自己想做的事情，那我们应该就不会感到"自己很忙"了。

其实说到底，身处在当今社会，我们必须学会避免让自己陷入"很忙"的状态中。在日常工作生活中，因为发生了某些突发事件而打搅我们正常的工作、生活节奏是常有的事。尤其是住在城市中的人，人际关系庞杂，人与人之间的距离又很近，所以打搅彼此正常工作的情况也会很多。建议大家不要把工作排得太满，给自己留出足够的时间，提前做好应对临时委派的准备。

与此同时，我们也需要"阻挡"那些会让自己变忙的因素。例如，如果一个接一个地去接听打过来的电话，势必会造成自己无法腾出完整的时间来完成工作。所以在事先定好的工作时间内，就算有人打电话过来，我也会选择集中精力优先处理工作。时间一长，其他人就会意识到我是一个"不接电话的人"，所以他们就不会再打电话过来了，这样也就减少了一个会造成"我很忙"的因素。

现实生活中还有一条法则，那就是"很忙"的人会一直"很忙"，所以很多人因为过度忙碌搞坏了身体。然而，因为区区工作而忙到搞坏自己的身体和精神，完全得不偿失。在今后的工作生活中，尽量不说"很忙"这句话，然后和"忙人一族"保持距离吧！

POINT

不说"我很忙",并从一开始就避免让自己陷入"很忙"的状态中,不断调整自己的计划,自发"阻挡"那些让自己变忙的因素。

不说"非常抱歉""对不起"

"非常抱歉"和"对不起"虽然是用来表达歉意的词语,但在实际生活中也经常会被用在其他场合。

我本人就经常说"非常抱歉",虽然我也觉得这样不好,但很多时候这个词语用起来最为合适,或者说"一个个排除后,发现只能使用这个词语"。现在我会尽量使用其他词语来代替,只有发现无论如何都需要这个词语时才会说"非常抱歉"。

其实我非常不愿意使用"对不起""抱歉""不好意思"这类表示歉意的词语,也在有意地让自己不去使用这些词语。

当自己出现失误或犯错，或是给对方造成困扰、添了麻烦时，道歉是理所应当的，所以在这种情境下可以使用这类词语，但还是需要注意使用的频率以及需要使用道歉用语时的临界值。如果仅仅是犯了非常微小的错误，或是拒绝了他人的邀请和委托，那这种时候最好不要立刻道歉。

人与人之间的关系基本上都是"平等"的。不管对方的地位有多高，经济上有多富有，交际有多广，人格有多伟大，我们都应该"平等"地对待他。

例如，便利店的店员和自己也是平等的关系。"因为我付了钱，所以我的地位更高"这种想法是完全错误的。正因为我们付出了金钱，得到了对等价值的商品或服务，所以才更体现了"等价交换＝关系平等"。

以此为前提，委托人和被委托人之间的关系也是平等的。当对方不接受自己的委托时，我们应该想的是"这是作为委托人自己的不好",或是"对方拒绝了我,并没有什么不好的"。所以基本在所有的事情上,我们都没有理由必须道歉。

当然了,当我们单方面地伤害了对方,我们必须好好道歉。在日常社会生活中,当我们感觉自己受到了侮辱,可如果这既没有触犯法律,也没有违背什么道德底线,其实并不存在强制对方必须道歉的道理。

当我们觉得"真的非常抱歉"时,其实说声"抱歉"或"对不起"就足够了。但如果和对方的关系并不亲密,或者并没有给对方造成太大困扰时,一味地道歉也是错误的做法。简单说声"抱歉"或"对不起",相信对方也是能够接受的。但如果自己明明不想道歉,只是为走下形式,说了句"抱歉",那么最好还是不要道歉了。没有诚意的道歉毫无意义,反而更是一种失礼。

如果你有习惯性地说"非常抱歉"的坏毛病,趁早纠正一下吧!

除非确实是自己做了错事，否则最好不要使用表达歉意的语句。

本章·要点总结

✿ 我们必须极力避免使用"我认为……"这类暧昧含糊的、给自己找借口和退路的表达，时刻注意要果断并明确地说话。

✿ 使用"这样不是很好吗"这种不负责任的语句时，我们既无法向对方传达出自己真实的想法，也无法改善目前的状况。

✿ 当我们想委托他人工作时，使用"暂且"这个词语会让对方失去动力，同时还会造成工作质量的下降。

✿ 在使用"让我考虑一下""让我研究一下""让我调整一下"这类表示"保留态度"的语句时，一定要设定时限。

✿ 减少"要做的事情"，增加"不做的事情"，避免让自己处在"很忙"的状态中。

第二部分

彻底打磨『关键的两成』

第六章

改变语言的
使用方式

问问"为什么"，查明原因

从这一章开始，我将为大家介绍如何彻底打磨工作中"最关键的两成"。在这一部分，我首先要讲的是语言的使用方式。对于人类来说，生活在这个世界上，最重要的能力就是使用语言的能力。我们通过语言来思考，并通过语言来行动。打磨你的语言，你的工作、你的人性也能够得到磨炼，你本人也将有可能成为值得人们尊敬的人物。所以，让我们一起透彻地思考一下"打磨语言的方式"吧。

首先，从"为什么"出发，查明其中的原因。

大胆地说，我认为所有科学都是从"为什么"发展而来的，当然了，也可以说是从"想变成这样、想这样做"抑或是"想更方便一些、想更轻松一些"的愿望中发展起来的。如果没有问"为什么"，没有研究明白其中的原因，所有的事情都无法得到进一步的发展。例如，找到"小鸟为什么能在天空中飞翔"的答案后，人们发明了飞机；发现"那个人能够百病不侵、健康长寿"的现象后，人们开始研究关于身体的科学，即"医学"，然后发明了各种各样的药物以及细胞再生等技术。在各种工作场景下，问问"为什么"，研究明白这个问题的答案，将有助于你在工作中大放光彩。

看看那些能够赚大钱的人、工作如鱼得水的人、工作效率很高的人以及每天都很快乐地工作着的人，想想他们"为什么工作能干得那么好"，试着从这个问题出发去研究一下吧。

在大量学习和研究的基础上，确定自己的目标对象，并研究透彻那个人的工作方式。如果你身处销售岗位，不妨去问问那些销售业绩遥遥领先的前辈或同事，问问为什么他们的工作业绩能够如此优异，或者仔细观察那个人的行动。如果可以，你还可以请求对方允许你一同跑业务。

以身边优秀的人为目标，不断问问"为什么"，试着研究一下对方的言谈举止。研究透彻后，尝试模仿对方，并灵活融入自己的特长和优势。如果你能做到这一点，相信你终将成为一位出色的职场人。

此外，平时就要一直保持不断问"为什么"的求知精神，只要你能够一点点地研究透彻问题的答案，在工作上做出优异的成绩将变得轻而易举。

在我作为税务师刚刚创立自己的税务师事务所的时候，当我模仿目标对象时，我会不断问自己诸如"为什么客户会把这些业务委托给我？""为什么提高工作效率时需要那样做？""为什么通过别人的介绍，就有客户前来向我委托业务呢？"等问题，并不断思考着这些问题的答案。

从结果来看，自从我的事务所开业之后，前来委托业务的客户越来越多，从而为现在仍在持续营业的税务师事务所奠定了坚实的基础。

现如今，当我在工作上遇到阻力或障碍的时候，我也会特意去寻找"为什么"，然后以查明原因为契机，走出低谷。

希望大家能够从平时做起，工作时多问问"为什么"，不断去解决这些问题，好好运用这种工作方法，相信你的工作也一定会有更大的起色。

在各种工作场景下都要问问"为什么"，通过查明原因让自己在工作上取得成效。

想想"如果"，转换自己的思维

在工作中，除了上一章中所说的"发现问题、查明原因"外，给自己设立假说并加以验证也至关重要。如果想让工作更加顺利，那就请你重复"设立假说→验证假说"的过程，在得到自己能够接受的验证结果的基础上，机械地执行吧。

首先，从对平日自己所做的工作发起疑问开始吧，客观地观察现在的自己。虽然客观地观察自己并非易事，但如果做不到这一点，就永远不会产生疑问，只能永远重复做相同的事情。对自己的工作提出问题，然后针对这个问题进行思考："如果把○○换成△△，会发生什么样的变化呢？"如果感觉这种改变会带来好的效果，那就对这个假说进行验证吧。假设你在工作中处理数据的总和时需要花费大量的时间，那就应该去想想有没有其他新的做法，看看新方法能否缩短需要消耗的时间。尝试"对调这里和那里的数字"或"对调表格的列和行"等方式，在实际操作中加以验证。经过反复试验、不断摸索后，如果你找到了一种快速且准确的计算方法，那么在今后的工作中就要使用这种新方法。一旦决定使用新方法后，剩下的就是机械地执行了。不投入任何感情地机械操作，是快速且正确地完成工作的诀窍所在。

今后，我们还可以根据场合的不同，来决定工作到底是交给电脑自动处理，还是交给AI或机器人等机械来完成。我们只需要考虑对方客户的想法和心情，以及去处理需要做判断等必须由人工完成的工作就可以了。

总而言之，无论你在做什么，都想想"如果是那种做法，会是怎样呢？"通过思考得出自己的答案，提出"尝试一下这种做法，效果应该会更好"等新想法，这也正是我们获得成长的原因和途径。

平时多对自己的工作提出些疑问，养成通过设立假说来改善工作方式的习惯。

想想 "应该怎么做"，
再决定下一步的行动

当我遇到事情时，我总会不断地问自己"我应该怎么做"，这成了我的一种习惯。但如果因为总是在问自己"我应该怎么做"，导致自己无法做出任何决定，也无法付诸任何行动，那就得不偿失了。然而，如果恰恰相反，在问自己"应该怎么做"时，还能保持着一定的速度感来决定下一步的行动，那么这就成了一种非常合理的做法。

在第三章的"04 减少选择，从根本上让自己'无须选择'"中我也提到过，人生本身就是连续的选择。其实在当下这个瞬间，我们也在做着选择。所有选择的结果不断累积才成就了如今自己的人生。

在第三章中，我建议大家尽量减少选择，但无论如何减少，我们都无法完全放弃选择。只要活在这个世界上，选择就会和我们形影相随。

此外，在同一章节中，我还提到了"怀揣人生的目标，并以这个目标为基准进行选择"。如果目标不明确，我们也就无法做出选择。例如，在考虑如何出行时，我们会面临众多选择，步行？坐地铁？坐公交车？还是打车？如果这时你的目标是"保持健康"，那就尽量选择步行吧，在选择食物的时候，也选择一些有益于健康的食物吧。

话虽如此，每次做选择时不可能都如此简单。例如，在前往治安较差的地区时，比起走夜路，还是乘坐出租车更安全一些。此外，比起过于注重健康而使自己一直经受着"想吃喜欢吃的，但不能吃"的折磨，不如偶尔吃一些自己真正爱吃的东西，给自己一些喘息的时刻吧。为了达成目标而做出相应的选择固然重要，但如果被其束缚，就过于死板了。在这种状况下，真正能够发挥力量的就是自我疑问——问问自己"我应该怎么做？"

养成平时不断问自己"我应该怎么做"的习惯，为了让自己能够在犹豫不决时尽量做出最佳选择，不断进行训练吧。不增加选项，或者在毫无思考的状态下做出选择，这点非常重要，但"在不浪费过多时间思考的基础上做出合理判断"的训练则更加重要。

在人生的诸多情境下，问问自己"我应该怎么做"，记忆（或直接记录）自己选择之下的结果，当再次遇到难以判断、犹豫不决的情况时，也能更容易应对。

日常多思考"我应该怎么做"，如此一来，当出现超出预料的事情时，我们能迅速做出合理的判断。

寻根究底，俯瞰全局

在商务活动中，人们常说"商务人士要具备虫之眼和鸟之眼"，意思是说，人要像虫的眼睛一样从近处仔细观察事物、把握局部，同时也要像鸟的眼睛一样俯瞰全局、掌握整体。

对此我持相同观点。但我觉得人更擅长观察近处的事物，而对于俯瞰全局则有些不太擅长。正因如此，我认为人需要从"原本就是这样，所以如今才会变成这样"的视角出发，像鸟之眼一样俯瞰全局。

我一直非常重视两件事情，一是"从长远角度思考人生"，二是"洞观全局"。在日常生活中，人们很容易陷入"缺乏远见的短浅想法"中。对于每天的所见所闻以及身边的人事物，我们的意识与想法有所偏差也是没有办法的事情，然而如何应对和处理这些事情也是我们生活中重要的一部分。例如，在察觉到危险时就必须逃离；在该道歉时就必须道歉；在该进食时就必须进食，否则我们就会因为饥饿而死去。

但如果只把视线投向眼前的事物，那么人将永远无法获得长远的成长。虽说"人生苦短"，但人的一辈子至少都会有几十年的时光，我们必须要有长远的目光。让大家一下子拥有"长期视角"也不太现实，所以大家不妨先将视线投向人生的后半程，不断地一点点改变吧。

比起以前的年代，人们的寿命确实在不断延长。我们可以把自己的目标定为在80岁、90岁时依旧保持身体健康，或是过上经济富足的生活。为了实现这个目标，从现在就开始锻炼身体，努力工作吧。

此外，从"寻根究底"这个词汇中诞生的"鸟之眼"也可以用来"俯瞰"你的烦恼。我们每个人都会有各种各样的烦恼，例如"工作迟迟没有起色""处理不好职场上的人际关系""没有办法做到自律""一直攒不下钱"，等等。那么，每当出现这种烦恼时，尝试着思考出现这种烦恼的根本原因吧。

"说到底，工作是因为什么才导致没有任何起色？"

"说到底，我和同事某某某的关系为什么就是处不好？"

"说到底，我为什么不能好好落实自己决定的事情？"

"说到底，我为什么就攒不下钱？"

像上述这样问问自己，客观地思考一下自己到底是一个什么样的人，以及自己现在到底处在什么状况中。客观地评价自己、判断自己的处境会让我们发现以前从未发现的解决办法，或者发现某个问题根本就不算个问题。

　　当你遇到烦恼或问题时，先试着"寻根究底"问问自己吧。

　　俯瞰全局，从长远视角思考人生，灵活地"寻根究底"。

激励自我，撸起袖子加油干

在每天的工作生活中，我们经常会经历失去干劲的时刻。还有人可能会因为一点点事情马上丧失动力，患上心病，浑身充满焦虑不安。

在这种时刻，我觉得最重要的也是必须要先去做的事情就是好好"休息"。例如，没有心情的时候，即使勉强自己去工作，也不会做出什么成果。觉得自己"有些累""干不下去"的时候，不妨先暂时放下手中的事情，休息一会儿吧。如果手头的工作不是那么迫在眉睫，也可以请一天假，放松缓解一下紧张的情绪。

自己疲惫不堪的时候、失败的时候或者讨厌工作的时候，不要一味地烦恼不止、抱怨不停，直接躺下睡一觉，醒来会是一种完全不一样的心情。在大多数情况下，睡一觉，再醒来，问题都能得到解决。

写《考试合格法》一书时，我曾介绍过"睡前稍微预习一下第二天早上要做的测试题"的方法。这个方法效果超群是因为在我们睡觉的时候，大脑会自行思考问题的答案。当你早上一觉醒来，立刻拿笔去做那道题，解题往往会异常顺利。

此外，这种方法也可以运用到平时的生活中。当你遇到什么问题时，把问题整理一下，并稍做思考，然后去睡一觉吧。当你第二天醒来时，再重新着手去处理前一天遇到的问题。迄今为止，我已经数次使用这个方法解决了绊倒我的难题。请大家一定要尝试一下这种"感到困扰时，尽情睡一觉"的方法，届时就等着见证奇迹吧。

当你好好睡了一觉，恢复了精气神，就给自己鼓鼓劲，"撸起袖子加油干"，然后朝着自己决定的目标，心无旁骛地行动吧。不断尝试，反复积累，凡事终将达成。

POINT

遇到棘手的问题时，先睡一觉，等精气神恢复后给自己鼓鼓劲儿，"撸起袖子加油干"，大胆地向前冲吧。

使用数字和专有名词，准确地说话

在第五章"02　不说'好像是……''感觉是……'"中，我谈到了"不要使用暧昧的说法，如果你能够准确地判定，那么你也能收获周围人的信赖"。

总而言之，那些工作上能做出成绩的人、工作效率很高的人，他们会"很准确地说话"，确切地说，他们能够"明确且准确地说话"。为了做到这一点，我们在说话时要尽量使用数字和专有名词。

首先让我们从"数字"的角度谈一谈。

在平时说话时多加入些正确的数字，周围人就会觉得你"很擅长数学"。例如，在回顾过去时，尽量使用公历年份。在讲述某一年发生的大事件时，你可以穿插讲一些对方可能会有印象的事情。另外，在描述距离时，不要说需要"步行5～6分钟"，因为每个人的走路速度不同，具体的距离也有所差别，建议大家改变一下说辞，直接向对方描述"距离车站500米"吧。

为了在谈话中更顺利地使用一些数字，大家平时可以尽量记住一些常用的数字和法则。例如熟记像 $15 \times 15=225$、$25 \times 25=625$ 之类的数字，以及3年约等于1100天等常识。如果你能记住大量常用的数字，在说话时加入"那差不多是〇〇的△倍"之类的话，你也会给对方留下一种"数学能力很强（是个优秀人才）"的印象。如果你现在没有太强的数学基础也完全没有关系，尝试着一点点训练自己吧。

另外，在说话时你也可以加入一些专有名词，这样说话既能更具体，也更容易给对方留下印象，是一种非常有效的说话方式。尽量记住更多的人名、地名、公司名称以及法律用语等，这些词汇储备终将派上用场。此外，除了简单的人名外，你还可以记一下这个人的生卒年月（生活年代）；除了单纯的公司名称外，你还可以记一下这个公司的创立时间、营业额、盈利规模以及大致的员工数量，等等。在谈话中引用各种数字，也能提高谈话的深度。

不断掌握诸如此类的知识，"准确地说话"，让自己的人生和事业不断向更好的方向发展吧。

在说话时，引用一些"数字"和"专有名词"，会使说话的内容更加具体，也可以得到周围人更高的评价。

⤴ 本章 · 要点总结

✿ 在不同的工作场合中，多问问"为什么"，查明原因，让自己在工作上做出更好的成绩。

✿ 养成思考"如果把○○换成△△，会带来什么样的变化呢？"的习惯，这样一来，我们也能更轻松地获得新想法。

✿ 养成平时不断问自己"我要怎么做"的习惯，在遇到突发事件时，自己能够在短时间的考虑下做出最合理的判断。

✿ 有意识地"寻根究底"，培养自己能够俯瞰全局的"鸟之眼"，这样在遇到烦恼或问题时，我们也能更容易地找到解决办法。

✿ 说话时引用一些数字和专有名词，周围的人对你的评价会提升一个等级。

第七章

优化时间使用法

制作时间表，让时间分配可视化

在第三章中，我为大家介绍了"如何放下无用的时间"。在本章中，我将为大家进一步介绍足以改变人生的"时间使用法"。

在现实生活中，大多数人都需要通过看表来掌握准确的时间。但由于在某段相同的时间内所做的事情不同，所见的人不同，我们对时间的感觉也会有所不同。例如，在生活中，我们时常会发出这样的感叹："怎么已经到了这个时间了"或者"怎么才到这个时间啊"，等等。

如果每一天你都是在"一天的时间总是转瞬即逝"或是"今天也感觉时间不够了"的感受中度过，那么试着下些功夫，让自己准确地感知时间吧。

为了能够准确地感知时间，最合适的办法就是制作"时间表"。在我们的人生中，从上小学一直到上大学，这段时光中一直存在着"时间表"。我们根据学校设定的时间表，每天按部就班地上着各学科一堂又一堂的课程。到了今天，我们已经长大成人进入社会，但还是需要特意制作时间表，让时间的分配"可视化"。

制作时间表时，我们可以跟学生时代一样，以一周为单位。每天具体的时间划分单位可以比上学时再长一点儿，例如可以根据下方列出的划分单位来划分时间。此外，还可以大致规划一下周一到周五各个时间段中需要做的事情。

1.早晨（6点—8点）

2.上午①（8点—10点）

3. 上午②（10点—12点）

4. 下午①（12点—14点）

5. 下午②（14点—16点）

6. 傍晚（16点—18点）

7. 夜晚①（18点—20点）

8. 夜晚②（20点—22点）

也许大家会觉得这个方法很幼稚，但当你实际执行时，就会发现这个方法的妙处所在，而且一旦使用习惯了，想戒都戒不掉呢。

时间表最好的一点在于"终点是确定的"。当然，在实际的工作生活中，不是所有的事情都能够按照两个小时的划分区间来规划。但因为终点是确定的，所以你会努力地尽早完成那些本来需要花费两个小时以上才能完成的工作。另外，时间表已经规定了每件事情的处理时间，而且每件事情的处理时间不得超出两个小时的时间限制，那么如何才能在这两个小时内完成一件事情呢？——你需要想方设法改进工作的处理方式。

比如说，你可以把时间表写在笔记本上，也可以写到一大张纸上贴在目之所及之处。按照时间表的规划执行时，重点在于必须严格在时间表规定的时间内完成工作。通过这个方法，不仅可以改善你对时间的意识感，也能够让你掌握有效地利用时间的方法。

制作时间表，让时间分配可视化，磨炼自己对时间的感觉，从而提高处理工作的速度。

以 "30分钟"
为一个时间单位安排日程

前一节中介绍的"时间表"是以两个小时为一个时间单位划分的，其实在制作时间表时没必要拘泥于此。

如果你觉得把时间区间划分得更细一些更适合自己，那你完全可以按照自己的需求划分。时间区间的划分单位越小，"deadline"的效果就越好，工作效率也会更高。例如，你可以以30分钟为一个时间单位制作时间表。将时间区间划分得比较小，制作时间表的时间成本就会比较高，做起来也会比较麻烦。但如果你能切实地按照时间表的规划工作，那你的工作效率绝对会越来越高。大家不妨试一试这个方法，哪怕稍微尝试几天，你都能感受到自己工作效率上的变化。

我曾听朋友谈到过"番茄工作法"这种时间管理法。"集中精力工作25分钟后，休息5分钟"，然后重复进行这种循环。现在手机应用市场上也有很多类似"番茄钟"的App，大家不妨一试，也许会有新的发现呢。

决定好"时间表"的划分区间后，我们一起来思考一下安排日程的方法吧。例如，当你有访问客户或是客户来访的安排时，或是需要在办公室办公时，你可以以30分钟或是以30分钟的倍数为基数安排日程。

09：00—10：30 在办公室办公

10：30—11：00 和部门负责人面谈

11：00—12：30 在办公桌上办公

12：30—13：00　出门，经过半小时的路途后到达客户①附近的位置

13：00—13：30　午餐

13：30—14：00　和客户①开会

14：00—14：30　路途中

14：30—15：00　和客户②开会

15：00—15：30　路途中

15：30—17：00　返回办公室，继续办公

上面的日程表就是按照30分钟的时间单位安排日程的实例。如果和客户①的开会时间超出既定计划，就会造成和客户②开会时迟到，所以一定要严格按照时间计划，确保在30分钟内结束会议，而且在路途中的时间也不能超过30分钟。

和刚刚介绍的"时间表"规则一致，按照30分钟的时间单位安排日程时，我们会确定每件事情结束的时间，所以遵守时间计划是重中之重。

例如，和客户①开会原本可能需要一个小时，但因为我们设定了"30分钟内结束"的目标，所以具体开会前就需要做好谈话要点的梳理与准备。如果可能，我们还可以提前向客户说明本次的会议时间是"13：30—14：00"。

如果能够像上述这样，在规划日程时事先确定好事情的结束时间，那我们肯定能够超高效地工作，而且工作的速度会越来越快。

如果你觉得以30分钟为一个时间单位，操作起来难度较高，那你可以将时间单位延长为1个小时，或者可以穿插安排30分钟和1个小时的工作任务。

总而言之，首先我们要确定时间的划分单位，然后按这个时间划分单位安排所有的日程。这样一来，我们能够自由支配的时间也会显著增多。建议大家一定要去试一试这个方法。

将每天的日程按照30分钟的时间单位进行划分，增加紧张感，找到使用时间的小窍门后，你的工作速度也自然会有所提升。

向全员公开自己的全部日程安排

把自己的工作日程公开给他人——这种做法的效果远超你的想象。例如大家可以使用谷歌日历等在线日历,向他人展示自己的日程安排,这个方法使用起来真的非常有成效。

以前很多公司里都会有一个白板,上面记录着每位成员的外出地点以及返回公司的时间。想必现在有很多公司依旧在用这种方法吧。此外,也有的公司会通过共享协同工作软件同步全员的日程安排。只不过大多数情况下,只局限于记录公司成员外出拜访的地点、会议以及接待客户的时间罢了。

我推荐的做法是，向全员公开自己的全部日程安排。其中除了要包括自己外出拜访的地点外，还要包括自己"在工位上处理某某业务""在公司开一个小会"等所有在工作时间内进行的日程安排。

把所有日程公开给全体成员，自然而然会带给你一些日程上的"束缚感"，相应的，你的工作集中度也会显著提高。此外，如果你周围的同事也能知道你正在处理什么工作，他们就不会在你忙得焦头烂额或专心致志工作的时候，因为一些无聊的小事打扰你了。在不同的情况下，除了将自己的日程公开给公司内部成员外，你还可以考虑是否向客户公开自己的日程安排。

我有一位朋友是企业经营顾问，他在共享协同工作软件里面同步了自己所有的日程，而且会向客户开放查看权限。这样一来，客户能够自行确认可预约的空闲时间，而且在根据自己的日程进行预约时只需在对应的时间段输入即可。但如果通过邮件进行预约，很可能会因为彼此的时间不合适导致反复确认和调整时间，比如说确认"某日某时，以及某日某时有空余时间"等，十分麻烦。但通过 Google Calendar 这种方式预约的话，客户就能毫不费力地找到彼此都合适的时间。

在公司任职的各位，如果你的岗位也有这种需求，推荐你尝试一下公开自己的日程，即使只是为了提高工作效率，也值得你试试看。

将自己在工作时间内的"所有"工作计划向公司内部全体成员公开，这样也有利于你集中精力工作。

提前设定会议议程

　　在公司的所有工作中，最浪费时间的就是开会。当我还在公司任职的时候，我最讨厌的工作也是开会。我被强制参加了一些本来完全没有必要出席的会议，导致浪费自己很多宝贵的时间。时至今日，还是有很多公司会因为开会这件事无端浪费了许多人事费用（人数×时薪）。

　　那么如何才能减少会议浪费的时间，并让会议更有意义一些呢？简单来说，我们只需提前设定好会议议程就够了。除了要明确"召开会议是为了讨论某件事情"外，更重要的是要确定"通过会议要决定什么事情"，在会议召开前就必须提前决定好这些议程。此外，还要提前明确地规定好会议的开始时间、议事内容、议事流程、会议的结束时间以及开会地点等。

至于开会地点，其实并不需要全员集中到同一地点，召开网络会议也完全是可以的，这样大家也能更灵活地召开会议。另外，千万不要忘记认真做好会议记录。

其实我觉得只要平时能够做好公司内部的沟通交流以及信息同步，甚至完全没有必要召开那么多会议。

除了提前设定好会议议程，减少时间浪费外，我们还需要从"是否有必要就这件事情召开会议"这个角度来重新审视会议召开的必要性。

在召开会议时，提前设定好"本次会议要决定的内容"，并思考"就这件事情召开会议的必要性"。

召开商讨会时要当场得出结论

在我们的日常工作中，除了开会，我们还会频繁地进行事前磋商。这种事前磋商包括很多类型，比如和客户、商业伙伴的协商，以及公司内部的磋商，等等。

在这里我设定的情境是1对1的事前磋商。虽然偶尔也会有好几个人一同前往拜访客户的情况，也会有数名客户一同前来咨询的情况，但这种情况并不多见。而且我认为"真正的交流基本上都是1对1进行的"，所以这里的论述主要就1对1的情景展开。

无论什么类型的事前磋商，基本上都要做到"当场得出结论"。不管是和同事进行事前磋商，还是和客户进行事前磋商，抑或是在"营业／被咨询"，无论哪种事前磋商，大家都要争取做到"当场得出结论"。

为了事前磋商，大家专门留出了时间，而且彼此都付出了一定的时间成本。如果你本人就是这个会谈的主导者，那就更应该在尽量短的时间内得出最终结论。如果你在阐述自己的观点时一直带着会被批评的心理预期，那么在现如今的这个时代中，根本就没有必要和对方面对面地商谈了。

虽说面对面的交流非常重要，而且当面对话也更能促进问题的解决，但我觉得基本上多半的事前磋商都是在浪费时间。

如果通过邮件或是使用聊天软件就能解决问题，那完全可以以这种方式解决。而且对于那些每天日程超满的人们来说，他们本身也没有必要特意去当面商讨。

　　当准备和他人见面时，双方都需要花费大量的时间，例如准备外出的时间、出发与返程路上花费的时间、见面后的对话时间、对方离开后收拾打扫的时间以及确认会议记录的时间，等等。

　　在召开事前磋商会之前，先停下来思考一下这个磋商会是否真的有必要召开。

　　召开事前磋商会会花费大量的时间成本，请务必当场得出结论。

提前准备文档的制作模板，
以便在各种情况下迅速复用

　　工作上我们会用到各种类型的资料，而且制作这些资料时会花费大量的时间。为了节约花在制作资料上的时间，大家需要将资料数量减少到极致。

　　例如，用Excel制作资料时，不要制作多个文档，要灵活地把多个Sheet表（工作表）建立在同一个文档中。而且在同一个Sheet表中，数字也能相互关联，便于运用各种公式。

　　此外，当利用PowerPoint制作某些资料时，很多人都想让自己的作品看起来更华丽、更高级些，但归根结底，其中最重要的还是内容。所以没必要在外在形式上花费太多的时间，只要能够把自己想表达的内容传达清楚就足够了。

所有资料都应该事先准备好模板，在需要时直接在模板上调整与修改内容，这才是最高效的做法。例如，我们可以制作企划书或提案书的Word模板。首先用较大的字号输入标题，然后分条列举出剩下的内容，把所有的内容都浓缩在一张A4纸中。之后，无论制作什么文件，都可以按照这种模板来制作（请参照"第二章 04 把所有文档内容浓缩在1张A4纸内"）。

我常年都是按照这个"标题+分条列举"的模板制作各种资料，而且从来没有任何一位客户对此挑过一次毛病。

只要事先决定好了资料的制作模板，每次制作资料时就不用再为格式和样式苦恼了，也不会在无谓的事情上浪费时间了。我非常推荐这种做法，希望大家试一试。

POINT

资料只须传达出"自己想要表达的内容"即可，此外资料的内容要尽量简单，而且可以重复使用同一种模板。

本章·要点总结

✿ 如果你总觉得"自己很忙"，尝试制作一个时间表吧，把时间分配"可视化"，这样你就能时刻掌握时间了。

✿ 制作时间表，细分日程，提前设定好每项工作的结束时间，这样"deadline"效果会更好，你的工作效率也会更高。

✿ 通过共享协同工作软件，向公司全员公开自己的日程，半强制性的日程安排能够大幅度提高你的工作效率。

✿ 会议、事前磋商都会消耗大量的人事成本，提前制定好"会议需要决定的事项"，并且务必要当场得出结论。

✿ 制作文件资料时，不要拘泥于外在美观性，重复使用同一套文档模板可以节省大量时间。

为了生存，金钱必不可少。如果你还需要养家糊口，那金钱就更加不可或缺。为了赚取足够的金钱，我们必须去工作。好好上班，好好赚钱，让自己的家人过上富足的生活，让自己在这个社会上立足——在迄今为止的生活中，以上这些描述是人们观念中的常识，也是大家眼中最理所当然的事情。

如果你正在从事着自己喜欢的职业，愉快地度过着每一天，那当然是非常幸运的事情，但很多人每天都需要长时间工作，而且"压力山大"。在工作上，勤劳努力是值得称赞的美德之一，拼命工作、努力做出更多成绩会受到人们的赞扬，这一点从未发生过改变。

日本有句谚语，"不劳者不得食（不工作的人没资格白吃白喝）"，必须拼命工作是迄今为止的社会常识，那些落后于正常社会节奏的人经常被称为"啃老族"或"社会的负担"。

然而，今后的世界将发生翻天覆地的变化。在今后的时代中，人们无须辛苦劳作也能在这个社会上生存。不适合人类做的工作或是简单重复性的烦琐工作都可以交给AI或是机器人去完成。

当人们"无须辛苦劳作即可生存"时，肯定会有更多的人通过发挥自己的创作力为其他人带去喜悦和感动。

这样一来，相信日本社会也能更加充满活力、朝着更好的方向不断发展下去。喜欢工作、想要工作的人也可以拥有更大的舞台，为这个社会带去更多的生机。

在写作本书时，我一直谨记着要"大幅度削减工作的内容和时间"，并在书中为大家总结了"应该如何通过思考以及行动来实现这个目标"。在工作上，我们既可以拼命努力地获得更多成果，也可以通过高效工作、尽量减少被工作占据的时间去做一些其他的事情。

工作与否是每个人的自由，如果你把自己的重心放在了后者上，我建议你重新阅读一遍本书，将自己之后要做的事情记录下来，并一件件落实，切实地付诸行动。

亲爱的读者，如果您能够减少无用的工作，为自己找到全新的可能性并不断前行，这对于我来说将是最大的喜悦与荣幸。我希望有更多的人能让自己的生活方式向着更好的方向改变。

2019 年 4 月　山本宪明